朝日新書
Asahi Shinsho 985

節約を楽しむ

あえて今、現金主義の理由

林　望

朝日新聞出版

はじめに

すべて世の中は変わっていく。

つい数年前まで、たとえばファミレスに行って着席すると、すぐにウエイトレスがやってきて、水やらおしぼりやらをテーブルに置き、注文を聞いてくれたものだ。

ところが、近頃……とくにコロナ猖獗《しょうけつ》以来いちじるしいのだが……けっこう大きな店でも、ほとんどウエイトレスのような人がいなくて、かわりにどのテーブルにもタブレットが備えてあるという形式になった。

で、客たる私どもは、そのタブレットに表示されたスイッチをタッチしつつ注文作業をすることになっている。つまり注文という営為は、いまや店側の仕事にあらずして、お客が自助努力でやる作業になったのである。

こういうシステムは、タブレットなどを扱い慣れない、とくに高齢者などには、最初まごまごするばかりで、どうしてウエイトレス嬢が来てくれないのかなあと困惑せざるを得なかった。

いちどこういうこともあった。

なかなか複雑な注文システムの店に入ってしまって、ちょうどウエイトレスが通りかかったので、呼びとめ、「注文したいのだが……」と声を掛けてみたら、彼女はなにやら困惑のていで、だまって卓上のタブレットらしいものを指さした。そして、「それでお願いします」と言ったきり、一切の会話を受け付けてくれないのであった。いや、その扱いかたが分からないから、私は「どうすればいいのか、ちょっと教えてくれない?」と重ねてたずねてみた。すると、彼女は、困惑の上にも困惑した表情になって、「そのタブレットですべてできるようになっていますから」と、知らぬ顔である。ちょっと手始めのところだけでも手伝ってくれれば、あとはわかるかもしれないのに、なんという不親切な人だろうと、閉口していると、ちょっと遠くにいた年長の女性がやってきて、手早くタブレットの操作の実際をやってみせてくれたのだが……ことほどさように、人手不足の昨今は、なんでもタブレット、スマホ、という時代で、それが分からぬ奴は人にあらずという挨拶である。

が、はたしてこういうふうに、サービス業の世界で、サービスする人間がいなくなってしまって、すべては機械と人工知能が代行する、というまるで二昔《ふたむかし》前のSF小説じみたことになってしまったという現実は、ほんとうに私どもの為になっているのであろうか。

機械や人工知能によるサービスは、間違いをしない、かもしれない。また病気になったり感染症を媒介したりもしない、それはたしかにメリットだが、その背後では、人の手と心による「あんばい」やら、人間どうしの融通のきかせかたやら、会話の楽しさやら、そうしたものがみんなどこかへ消えてしまって、ただただ「正確・無謬《むびゅう》」だけが取り柄の無味乾燥な世の中になっていくということが実感される。

ウエイトレスは、時には注文の取り違えをするかもしれないし、料理の職人は上手の手から水をこぼすことだって絶無ではあるまい。しかし、そういう「ゆらぎ」のようなもののなかに人間世界の味わいがある、ともいえるのではあるまいか。すべてが無謬のロボットのような社会なんて、つまらないよなあと私は思うのである。

そしてその半面、またたとえば人間どうしのやり取りであれば、そこに間違いがあれば「話し合い」でやり直しをしてくれるし、お客の好みにしたがって、微妙な「加減・塩梅《あんばい》」をしてくれもする、そこに血の通った温かみがあるというものだ。

JRも、「みどりの窓口」という発券所を大幅に削減してしまった。駅員さんに適宜尋ねながら、駅員さんのほうでも縦横に経験を生かしつつ、最善の選択を示唆してくれる、というような風景は、もはや昔話になりつつある。味気ないよなあ、なにもかもその調子では。

その一方で、インターネットを介した通信の方法もだんだんと手が込んできて、まるでスパイ映画の世界かと思うような、「読んだらすぐ消える」通信システムなんてのを悪用して、強盗を唆《そその》かすなんて悪漢どもがぞろぞろ出て来て、強盗ばかりか、殺人でもなんでもやってのける。思い出せば、大昔、「スパイ大作戦」というテレビ映画があって、スパイ某への指令は磁気テープ（?）によって伝達され、それを受領すると即座にテープそのものが煙とともに消滅する、なんてシーンがあったが、それ以上のことがもう現実となっている。

　そうやって、はたしてすべての人にとって、それが便宜であるのか否か、あるいはほんとうに安全であるかどうか、などなど本質的なところの検討がなおざりのまま、ただただ電子的方便ばかりが、どんどん世の中を牛耳《ぎゅうじ》っていく。

　ひるがえって、ＡＩは果していつまで人間の言うことを聞くか、というのもいまや大問題となりつつある。

　いや、すでにもう人間の脳みそが、自ら考えるのをやめて、ただただＡＩならびに電子的メディアにのみ反応するという時代になってしまったかもしれぬ。

　最近、飛行機に乗って旅をしたのだが、たまたま隣席に座っている若い男は、出発時間ギリギリに乗り込んできて、座るやいなや左手にもったスマホをいじりはじめた。そうして彼は、飛行機が羽田空港に到着するまで、一秒の余白もなく、ずっとこの左手のスマホをいじくってなにかしていた。なんだろうと思ってちょっと見てみたら、どうやら電子版の漫画を読みっぱなしに読んでいるらしかった。しかも、ときどき右手にもう一つ別のスマホを取り出すと、そちらでは「ＬＩＮＥ」で誰かと通信しているらしい。

おそらく今の若い人たちは、多かれ少なかれこんなことなのであろう。若い男女がデートしていて、その最中にも、両方がスマホを覗《のぞ》いてばかりで会話もしない、そんな光景も珍しくなくなった。

これでは、おそらく本を開いて古典文学を味読するとか、恋人との会話にほんのりとした幸福を味わうとか、そういう人間的なことがらは、脳みそのなかからすっかり消去されているにちがいない。

世の中がすべてこんな調子で、巨大なコンピュータのシステムに飲み込まれ、なにもかもが電子的媒体のなすがままになってしまう、この状況は、すでにＡＩが人間を支配しつつあることを物語っている。

この世潮に逆らって、決してコンピュータなどに支配されてたまるか、とかろうじて土俵の徳俵でふんばっている、それが目下のわたくしの有様である。

本書は、そういう「筋金入りのへそ曲がり」なる一親爺が、せめてこれだけは言っておかなくてはなるまい、と最後の力を振り絞った、その「老いの繰り言」にほかならぬ。

便利も行き過ぎると不便至極となる。

お月さまも満月が過ぎれば欠けていく。

恵みの雨も過ぎれば洪水となる。

それが人の世のありのままの姿であろうがな……。

そう思って、いま言いたいことをせめて言っておくのである。賛成する人は、おそらく寥々《りょうりょう》たる少数であろうことは、もとより承知の上である。呵呵。

節約を楽しむ　あえて今、現金主義の理由

目次

2章　「当たり前」を疑ってかかる　45

3章　何が一番の節約になるか　99

編集協力　中條裕子

1章

キャッシュレス時代のお金との付き合い方

お金は大事。だからしっかり考えたい

今や、老いも若きも、男も女も、まるで強迫観念のようにキャッシュレス、キャッシュレスと大いに盛り上がっているように見えます。が、果たして本当にそれが我々ユーザーのためになっているのだろうか？　ということを、実は誰も考えていないのではないかと私は思うのです。

経済産業省によると、2023年のキャッシュレス決済は全体の39・3%（126・7兆円）。その内訳は、クレジットカードが83・5%、デビットカードが2・9%、電子マネーが5・1%、コード決済が8・6%なんだそうです。お店によってはクレジットカードか電子マネーでしか支払えない、現金が使えない、そんなところもあります。そんな店のありようを見ると、まるで、「キャッシュレスにあらずんば人にあらず」とでも言いたいかのようです。

しかし、本当にこのまま、キャッシュレス化が進んでいっていいのでしょうか？

世間の流れに合わせてあなたも私もキャッシュレス……それでいいのでしょうか？

大事なことは自分の頭で考えること。

お金のあれこれを人任せにしないこと。

私がこれまで大事にしてきた生き方です。お金ほど大事なものはなかなかありません。だからこそ、自分の頭でしっかり考えたい。今だからこそ、そう思うのです。

都会の都合で決まっていく愚かさ

昔ながらの現金扱いでやっている、そういう環境は今でもけっこう多いと思います。少し街から外れた場所、漁業や農業の世界、こうしたところでは、現金取引どころか、実質的に物々交換さえもまだ行われているわけです。キャッシュレスについては、大都市だけを見てこれがすべてだと思うのは、非常に偏《かたよ》った話ではないか、と思います。

たとえば、自動車の問題なども同じではないでしょうか。

「自動車なんて持たなくても大丈夫ですよ」

「カーシェアで十分」

などというのが、今どきの流《は》行《や》りのようになっていますが、なーに、山の中に行けばカーシェアリングなどありはしません。自動車という移動手段が必要なのは交通が不便な場所に住んでいる人で、じつは都会の人は自動車などなくても困らないわけです。

結局のところ、そういうことだけを観察してみても、都市部の人たちだけの都合で国が動いていくのが、私は大いに問題だと思っています。キャッシュレスも、カーシェアリングも、それを推し進めたい人が都会でどんどん先走っていくと、地方との差がますます極端になっていく……そして、若い人と高齢者との環境が、ほとんどお互いに理解できないほど違ってきてしまうというのも、この十年来の一つの顕著な動きではないでしょうか。

そうしたことを考えると、キャッシュレス環境という風潮についても、「ここでもう一度冷静になって考えてみたらどうだ?」と思うわけです。GAFAなどの大企業、そのオーナーの大金持ちなどのやり方に引っ張られて、誰も彼もがデジタル環境で物事を進めていくことに疑いを抱かないのが、間違った考えだというのが私の基本にあります。

ポイントは本当にお得なのか

キャッシュレスになったからといって、さて何か得をすることがあるのだろうか？「いや、ポイントが貯まります」と、人は言うけれど、それ、果たして本当に得なのか。たとえば、出前サービス。あれも、考えてみれば、お金がかかるわけです。盛んにテレビでコマーシャルをしている、ということは要するに莫大《ばくだい》な費用をかけて宣伝してるわけですね。それでも立ち行けるということは、それなりのお金を取って儲けているからにほかなりません。

街の中華屋さんなら、二本の足で歩いて行って食べればいい。Ｕｂｅｒ Ｅａｔｓなぞを頼む必要があろうか、と。

蕎麦《そば》店とか中華料理店なんかでも、昔はみな出前をやっていたけれど、別にお金は取らなかった。サービスの一環として店の人が自転車などで配達してきたものです。そういう時代よりも、Ｕｂｅｒ Ｅａｔｓがお金を取って配達してくることのほうが、ほんとうにいい世の中なのだろうか？　と、冷静になって考えてみたらどうかと思うわけです。

ポイントを還元します、というのも要注意です。

「今この会員になると３０００ポイントおまけがつきます」といった場合、彼らはその

3000ポイントを損したままにしておきますか？　そんなわけはないでしょう、商売なのですから。3000ポイントのおまけを出したら、その分の倍も3倍も先方は儲かるようにできているわけです。だから、「ポイントをあげます」というものは、いわば「誘い水」というか、「罠の餌」のようなものだと思って、私は一切いただかない主義です。

旅行する際に私は楽天トラベルを使っています。もちろんこれでも正規の料金よりは安く泊まれることが多いように思います。が、そうしているのは、ひとえにパソコンで簡単に予約が済ませるからです。

ところが、その予約サイトを見ていると「1万6000円の部屋を今なら1万2000円で泊まれる方法があります」なんていう惹句《じゃっく》が出てきたりする。「○○会員になると、入会時に4000ポイントが付くので1万2000円で泊まれます」というような仕掛けになっているのですが、その甘い言葉に乗って会員になったら百年目、そのサイトに囲い込まれてしまう道理で、私は、かかる「囲い込みの罠」は一切無視しています。

私が使っている2枚のクレジットカード

とはいえ、私もポイントを貯めていないわけではありません。

クレジットカードはＪＡＬカードとＡＮＡカードの2枚に絞っています。これ以外はもっておりません。

このカードを使うことで、どんな買い物も自動的にマイレージが貯まっていきます。その結果、無料で飛行機に乗れる。これは非常に大きなメリットです。日頃のスーパーマーケットの買い物でも、このカードを利用していると、けっこうなマイレージが貯まるので、もうこれで十分なんです。

Ａｍａｚｏｎで物を買うにしても、ＪＡＬのサイトを経由して入るとやはりマイレージが貯まる。そうして、私の妻などは、もう何回も在アメリカの息子の家と日本とを行き来しているけれど、一度も航空運賃なんか払ったことがありません。いつもＪＡＬカードのマイレージのチケットで往復しているからです。

すべての買い物がこの2枚でできるので、そういうふうにしてポイントを役立てることができれば、それ以上のことは考えません。さらに二重、三重にポイントを取ろうなんて欲張った考えに囚《とら》われていると、あれを買うときは、あのカードのポイント、これをやるときはまた別のカードのポイントとかいうように煩わしいことになっていって、もういちいち考えるのも面倒なことになっていきます。だから、私は最低限のマイレージだけを貯めることにして、そのほかのポイントものは一切無視しています。

便利さは、リスクと表裏一体

国の政策として、マイナンバーカードの普及とキャッシュレス決済の利用拡大を図るために、手続きをした人に一定のポイントを付与するという政策をとっていました。なかなか普及しないから、複数回にわたってたくさんのポイントを付与していたようです。もしほんとうにそれが便利なものなら、そんなに苦労してポイントを付けなくても、自分からマイナンバーカードに切り替えると思うのですが……。

それはともかく、私は自分のマイナンバーカードには、一切何も紐《ひも》付けていません。ただ身分証明書の代わりとして持っているだけで、保険証はともかくとして、今後も銀行口座などに紐付ける気は毛頭ありません。

というのは、やはり「信頼しがたい」という気持ちがあるからです。

世の中の情勢を見ていると、どれだけ頻回《ひんかい》に個人情報が流出していることか。企業や公共機関のシステムに侵入して情報を盗むブラックハッカーという存在が、年がら年中ハッキングをしているらしい、それが遺憾《いかん》ながら現実です。聞くところでは、某国家が関与して、銀行や企業のサイトに侵入している、そんなことも仄聞《そくぶん》しています。ハッキングについては、次章で詳しく考えましょう。

それに対して、システムの不備などをチェックして未然に情報流出を防ぐ役割を果たすホワイトハッカーを日本の政府がきちんと養成できているのか、というと現状はすこぶる不十分だと言わなくてはなりません。日本はそうしたリスクヘッジが、非常に弱いのです。

このような政府が推進しようとしていることを、すっかり信用しろというほうが間違いだと、私は思います。

マイナンバーカードに銀行口座のような、自分の生活がかかっているものを紐付けてしまうのは、きっと危険がともなうだろうと思うのです。現にそうした事例は、アメリカのカリフォルニアあたりで頻発しているといいます。知らないうちに自分の銀行口座がハッキングされて、いつの間にか、どこか知らないところへ送金されてしまった、という事例がこの頃しきりとアメリカでは報告されていると聞きます。それが日本では起こらないなどと考えるのは、よほど能天気な話ではないでしょうか。アメリカで起きていることはいずれ日本でも起きる。これがまっとうな考えかたです。

「最悪の事態を想定して最善の手を打つ」というのが私の生き方です。銀行口座から勝手に預金を引き抜かれるなどということが起こったら、もう取り返しがつきません。

そのような被害が起きているのは、やはり銀行口座をインターネットに接続している人たちです。銀行口座から現金で出し入れしているだけなら、ハッキングのしようもない。自宅にいながらお金の出し入れができるインターネットバンキングは確かに便利ですが、それはハッキングによって他人に盗まれるリスクと表裏一体ということを常に考えておかないといけません。

じつは、私も一時インターネットバンキングを利用していましたが、今は取りやめました。面倒だけれども、大きなお金の出し入れは、わざわざ足を運んで、銀行の窓口でしています。ハッキングなどでお金を盗られたときにどのようにして取り返すかを考えたら、銀行へ出向いて窓口で手続きする面倒など、なんでもありません。これについても次章で、より詳しく考えることにしましょう。ともあれ、

最悪な事態を考える。

便利な時代は、恐ろしいリスクと常に表裏一体。

それを取り扱うのが、日本政府のいい加減な官僚組織だと思うと、マイナンバーカードを銀行口座に紐付けよう、などということは、私には、とても考えられません。

クレジットカードの危険を自ら体感した

危険性ということを考えると、クレジットカードにも非常にリスクがあります。私自

身、怖い思いをしました。

あるとき、日頃から使っているカード会社から「カードが不正利用された形跡があります」と電話がかかってきたのです。

「何月何日に何十万円の物を購入した記録がきていますが、そうした買い物をなさいましたか?」と。

「そうしたことはありません」と伝えて調べてもらったところ、近所のストアで、カードデータがスキミングされていた、ということがわかりました。

あまりにも不自然な購入履歴だったので、カード会社がチェックして差し止めてくれたわけです。

このときは何十万という額だったので差し止められたけれど、たとえば8千円とか1万円とかのものをあちこちで買われたら、カード会社も気づかなかったことでしょう。そしていつの間にか、驚くような金額になっていたかもしれない。よく利用しているストアでスキミングされた、というのもショックでした。

この経験から学んだことは、クレジットカードを常用する際には、そうしたリスクがあるということを、いつも心得ておかなければならない、ということの残念なる現実です。たとえば、レストランなどで「お会計をお席で承ります」というようなこともありますね。この場合、そのままクレジットカードを渡す、ということは私はしません。裏でスキミングをされてもわからないので。「決済は目の前でお願いします」と伝えます。

クレジットカードというのは信用カードという意味ですが、すっかり信じ切ってはいけないと私は思っています。そうしたことからも、なんでもかんでもカードに紐づけて便利に使う、ということはやりたくないのです。

特に最近のカード決済は、以前のように端末に差し込んで暗証番号を押す、ということさえ必要ない場合も多い。端末に載せるだけでおしまいというのは、楽だなと思う一方で、カードが盗まれて、その犯人に使われたら、もうアウトだとシンプルに感じてしまいます。

ですから、利用するクレジットカードは1、2枚くらいに絞っておいたほうがいい。大きな財布にビラビラと何枚もカードを並べているのは、愚かしい、そしてとても危険なことではないかと思います。

カード分割払いの危険性

物を買うということには、本来、相当な決意が必要なはずです。新しい洋服を買おうというときでも、果たして買っていいかどうか、買うだけの価値があるのか、買って着ないと困るなとか、いろんなことを考えると思います。

以前から欲しかったスーツ1着が、仮に「80万円です」と言われたとき、現金で80万円を渡すのは、誰でも抵抗があるはずです。けれど、クレジットカードで払うと、それほどでもないかもしれない。

たとえばクレジットカードの支払いで、「毎月3000円ずつでこれが買えます」などという甘言《かんげん》を弄《ろう》して、「リボ払い」なんてのを勧められることもあります。

あれこそ蟻地獄の最たるものです。確かに毎月の返済額は決まっているけれども、あれは一種の借金なので、しかもその利子はどうかすると十数%などという高利であることも珍しくないのです。だから、買い物の残高によっては、毎月の支払が利子返済にしかならないとか、いやいや利子分にも足りない、とかいうようなことが発生して、どんどん借金が増えていくことも珍しくありません。

そういうふうに、これは便利だと思うようなことには、必ず落とし穴があると考えておいたほうがよいと思います。

ですので、私はリボ払いなどは、決してやらない。

クレジットカードは使いますが、一回払い以外は使ったことがありません。

しかもまた、クレジットカードの分割払いというのは、利子が高い。金額や分割回数によって、そして会社によって異なりますが、年利12〜15％というのが目安のようです。銀行の定期預金の金利がだいたい0・02％前後ということを考えると、大変な数字だということがわかると思います。

だから「カードローンの過払い金を取り戻せます」という法律事務所の宣伝などが、今、盛んに流れているわけです。それは、結局、キャッシングは元より、クレジットカードのいわゆる月賦式の支払いでも、じつは相当高額な利子を払ってるからです。

それよりも、自分の買える範囲のものを一回払いで、あるいは現金で払うというのがあるべき姿ではなかろうかと思うのです。だから、私は分割払いはやりません。「一遍にこれだけのものを買うのはちょっと厳しいな」と思ったら、「それはお金が貯まるまで買わない」という選択になるわけです。

プリペイドカードを使う

今の時代、そうは言ってもクレジットカードを一切使わないわけにはいきません。ただ、常にリスクが伴うということを身をもって経験したので、せいぜい気を付けています。ましてやスマホを使ってキャッシュレス決済をするなどといったことはよほど危ないぞ、と肝に銘じています。

一番安全で利口なのは、事前にチャージしておくプリペイドカードではないかと思います。たとえ盗まれたとしても、チャージしている範囲内で済みますから、それ以上のリスクはありません。個人情報も入っていませんし。

私はｎａｎａｃｏカードと駐車場用のカードを利用しています。電車などの公共交通機関は使わないので、Ｓｕｉｃａは持っていません。

ｎａｎａｃｏカードは、セブンイレブンやイトーヨーカドーはもちろんですが、それ以外のお店でも、例えば吉野家やコメダ珈琲店でも使えて意外に便利です。

それから駐車場のカード。NPD（日本駐車場開発株式会社）という会社があって、そこが発行しているNPDカードを使っています。私は自動車で動き回っているので、どこへ行っても車を駐める必要があるのです。そのときに、このNPDのパーキングを探しておいて、そこへ駐めて、NPDカードを使う。1万円入金すると1万1000円分のパーキングができるようなシステムになっています。つまり東京のような駐車場の高いところでは、このカードを使うことで、一割引の恩恵を受けられるというわけです。

余談ですが、銀座《ぎんざ》に駐車する場合は、銀座のど真ん中にあるNPDを使っています。すると1日じゅう駐めておいても定額1600円です。銀座なんて、どうかすると1時間3000円なんてところもあるわけです。うっかりそういうところに駐めてしまうと莫大な金を支払うことになる。いっぽう、デパートの駐車場などは、週末など常に満車状態で待たされることを覚悟しないといけないし、何千円以上買うと、たとえば一時間までは無料、なんてサービスをしていますが、そうするとわざわざデパートに行って買い物をしなくてはならない、これは無駄遣いというものです。だいいち、デパートなんて、今では実質的に「立体ブランドショップ街」に化しているところも多いので、私などは買う物がありません。

だから、どこに駐めると得かを事前にリサーチしておいて、NPDの駐車場があれば、その所に駐めて、そこからは半径2キロ以内だったら歩いて行く。東京の繁華街には、NPDの駐車場がなくても、たいていはTimesの駐車場があります。こちらも銀座あたりでは、一日1800円くらいで駐めておけるので、まあこのどちらかを探して、あとは歩いて行く、これはこれで、ちょうどいい運動になるじゃないですか。往復で4キロ歩いたら、1時間歩行運動ができたということです。

得になって体にもいい。これはもっけの幸いというものです。

スマホには甘い罠がある

スマホと言えば、キャッシュレス決済以外のリスクも忘れてはいけません。撒き餌《まえ》の危険性です。

スマホを見ていると「○○の会員になれば何ポイント差し上げます」という誘導の文

言が、まるで撒き餌のように年がら年中出てきます。海にいる魚も撒き餌で引き寄せられて、それを食べているうちに人間に釣り上げられてしまう。とにかく「撒き餌に目が眩《くら》まない」ことです。

お店の店頭でもらったチラシ。そこに割引券が付いているとします。その割引券を使っても、そんなに大変なことにはなりません。それ1回の割引で終わりです。

しかし、スマホは個人情報と密接に結びついています。そこが怖い。

1回だけの割引、1回だけのポイント利用と思っていても、向こうにしてみれば「この人は食いつく人だから」と、また新しい撒き餌がやって来る可能性があります。

サイトを閲覧すると、クッキーというフォルダが作成されます。ネットで買い物をすると、個人情報やカード番号などがクッキーに残ってしまいます。そういう大事な情報が、第三者に悪用される危険性もあるわけです。

こういうリスクがあるから、極力こちらの尻尾を掴まれないように注意しておくべきなのです。

スマホにアプリは入れていない

スマホでアプリを使うと割引になるというのは、私は初めから信用していません。むしろ、そういうのに登録すると、そこから個人情報が洩れる危険がある。だから私のスマホには、一つもアプリを入れていません。ＳＮＳも、一つもやっていません。ショートメールも、ＬＩＮＥも、フェイスブックも、いっさいやりません。ついでに私は公私ともに電話連絡というのはしないことにしています。原則として、パソコン上のメール、もしくは郵便の封書（ハガキは原則として使いません）ですべての連絡はまかなうことにしています。

スマホに着信する上記の連絡手段は、こちらの都合にお構いなくやってきますから、迷惑きわまりないというものです。ＬＩＮＥをやっている知人もいますが、その様子を見ていると、ねんがらねんじゅう誰かからの着信があって、まるでスマホの奴隷のようです。それを、忙しいからと放っておくと「既読にならない」と文句を言われ、既読して返事をしないと「既読スルー」だ、といわれる。誰彼となく、常に常に返事をしなければいけない義務があるようなのはどうかと思います。

つまり、LINEによって、一番大事な自分の時間や労力を侵害されているのです。この、LINEは非常にわかりやすい例ですが、他のアプリも、基本的に、自分の時間と労力を侵害するものです。だから私はひとつも入れていないのです。親しき中にも礼儀あり、相手の都合を慮《おもんぱか》って連絡はすべきで、それも考慮せずに勝手に送信するというのは、少なくとも私は大いに不愉快を感じます。パソコンのメールであれば、こちらがパソコンを開いて、メールアプリを開いて、意志的に読むだけですから、忙しいときはメールを開かずに放っておけばよろしい。まことに当然のことながら、こちらの邪魔をされることがありません。

かにかくに、スマホというものには、私は一切のアプリはインストールせず、単なる「携帯電話」として使うだけです。それも、たとえば運転中に電話など掛けられても出ることはできないので、ふつうは電源をオフにしてありますから、実際上は、こちらから事務的な用途で発信するだけの道具、というまことに現代には有るまじき使用法を用いています。

急ぎの連絡をするのも、パソコンのメールで十分です。

ＬＩＮＥは非常にわかりやすい例ですが、他のアプリも、基本的に、自分の時間と労力を侵害するものです。だから私はひとつも入れていないのです。

暗号資産は論外の論外

インターネット上でやり取りできる暗号資産（仮想通貨）に至っては、まったくもう論外も論外、触らぬ神に祟《たた》り無しというくらいに思っています。わけがわからないもの、自分が理解できないものには手を出さない、これが大原則です。逆に、「林さん、暗号通貨ってこういうことですよ」と説明できるほど良く知っている人ならば、まあやるのもご自由ではありますが、さて、そんな人はどのくらいいらっしゃるのでしょうか。

聞くところによると、某国はそれを国家事業として、ハッカーによるサイバー攻撃で暗号資産を盗み出し、不正に収入を得ているそうです。そんなことが白昼堂々と許されているというのは、まあ驚くべき没義道《もぎどう》であります。

私のところにくる詐欺メールは１日概《おおむ》ね30～50通もありますが、一時期、それを収集したことがあります。その中には「お前の弱みを握っている。すぐに金を払わないとバラす」といったただならぬ脅迫などもあります。そういうメールは多くの場合、よく見ると「仮想通貨で〇万ドル払え」とか書かれているんです。そうでなくても、だいたいどんなにヘッジの手を講じても、詐欺メールというものは、一日に何十も着信するのが避けられません。そのためにメール設定のパスワードを随時変更するなどの手は打っていますが、一向に状況は改善されませんから、どこかで情報がだだ漏れになっているのでしょう。困ったことです。

で、そういうのを見ると、「仮想通貨なんか使い方も知らないのに払えるか、アホ」と思いながら、チャッとそのメールを消すようにしています。

これは、私が仮想通貨をまったくやっていないからこういう対応になるわけです。下手に仮想通貨なんかやっている人の中には、こういうメールに真面目に反応してしまう人がいるかもしれません。

仮想通貨で儲けようなんて考えることが、そもそも間違っています。儲けるということは、損する人がいるから儲かるわけです。真っ当な人間は、そうした投機的な事にはいっさい触れないのが人の道というものだと思います。

宝くじは洒落で買っている

ここまでずっと、節約第一主義のようなことを書いてきました。

しかし、そんな私も、最初から損をすることを承知で買っているものがあります。それは、はっは、宝くじです。

風水で黄色の財布に入れておくとよいと聞いて、わざわざ真黄色の財布を買ってそこに宝くじを入れ、パンパンと手を打って「当たりますように」と八百万《やおよろず》の神様に祈っています。これは遊びなので、遊びと割り切って楽しんでいるというわけです。したがって、毎回、バラ券十枚、連番券十枚、それしか買いません。なにごとも「ほどのよさ」こそ望ましいことで、こういうものに何万も何十万も突っ込むというのは、愚かしいことです。

当たったら万々歳だけど、まず当たりはしません。なんでも、年末ジャンボの1等当選確率は、2000万分の1だとか。数字が大きすぎて実感がわきませんが、ものすごくまれな確率であることは間違いありません。ごくごく稀だといっても、ゼロではない、そこがまあお楽しみという所以《ゆえん》です。

クリスマス、年末、バレンタインなど、メジャーな宝くじはだいたい買っています。連番とバラをあわせて6000円。無駄だとは思いますが、知っていてやっている遊びなのでまあよいかと……。私は酒もタバコも賭事も一切やりませんしね。

ふるさと納税はやりません

宝くじは買いますが、ふるさと納税はしていません。

ふるさと納税は2008年から始まった制度で、総務省の資料によると、2022年度のふるさと納税寄附額は約9654億円、納税寄附件数は約5184万件、利用者数は約891万人とのことです。

確定申告をすることで、結果的に自己負担額2000円で牛肉や豚肉、くだものなど、日本各地の美味《おい》しいものが食べられるのですから、人気があるのもわかります。もちろん、返礼品は食べ物だけではありません。各地のユニークなものがもらえたり、サービスを受けたりすることができます。

この本をお読みになっている方の中にも、ふるさと納税経験者がいらっしゃるかもしれませんね。

しかし、私は最初に書いたように、ふるさと納税はしません。

過疎地なので税金があまり入ってこない。しかし、自分のふるさとだから、なんとかふるさと応援のためにお金を送りたい。自分がいま住んでいる所ではなく、ふるさとに送りたい……それが、２００８年当時の総務大臣だった菅義偉《すがよしひで》さんが、基本的にやりたかったことだと聞いています。

ところが、返礼品のほうが大きく取り上げられてしまい、本末が転倒してしまった。それで、ふるさと納税で商売する輩が出てきた。結局、一番儲かるのは業者でしょう。それでなければ事業が成立するわけがない。そこにおいてこのやりかたは間違っていると思います。こういう人の善意ですることにつけこんで、儲け仕事にしようという業者があるということ自体、有るまじきことと私は考えます。だからしません。

たとえば、今、能登《のと》にお金を送りたい。そう思ったら、義援金として寄付すればいいだけのことです。見返りを期待しないで。それが正しいでしょう？

郵便局に行けば、どこに振り込めばいいか、どこが義援金を必要としているか、詳しい情報もわかります。

たとえば、ふるさと納税で10000円払って3000円の物が来た場合、3000円の物を10000円で買ったのと一緒です。逆に相手にしてみたら、せっかく10000円貰えるところを3000円損したことになります。

だから、そんなことはしないで、始めからちゃんと目的を決めて寄付にすればいいわけです。日赤とかそういうところへの寄付だったら、ちゃんと税制上も控除にもなります。そういうふうに、もっとまともなことのために金は使った方がいいと思います。ふるさと納税するくらいだったら、地元のお店から直接買ったほうがいい、と私はそのように確信的に思っています。

2章

「当たり前」を疑ってかかる

実は私、銀行を信用していません

私は銀行もけしからんと思っています。

先日、定期預金を解約するためある銀行へ行った際にこんなことがありました。

それはちょうど昼過ぎの繁忙時間でしたが、窓口が7つあるのに、開いているのはたった2つだけ。1つが普通預金、もう1つが定期預金に対応していたのですが、私が並んでいた定期預金のほうの列が、こまったことに、全く進まないのです。

じっと観察していると、一人のご高齢の婦人の対応に手間取っているようなのだけれど、さすがに1時間ほど経って「いくらなんでも待たせすぎだから、もう一つの窓口を開けて対応してもらえませんか？」と銀行の案内係のような人に伝えたのでした。しかし、彼は「申し訳ありません。少々込み合っておりまして、順番にご案内しておりますので、いましばらくお待ちくださいますか」なんて決り文句を繰り返すだけで、窓口のほうにはいっこうに伝達する様子もなく、待てど暮せど誰も出てきはしない。

それで結局、定期の解約をするのに2時間近く待ちました。これはもう定期解約の客などはできるだけ嫌がらせて解約を諦《あきら》めさせようという腹なのではないか、と私は疑いました。それで、こんなふうに、お客をいたずらに待たせて、待つのが嫌ならば「こちらの新しいカードになさいませ」というように誘導しようとしているのではないか……と思わず疑ったほどです。

この銀行では、現在、クレジットカード、デビットカード、ポイントカードといった機能をあわせ備えたナンバーレス・キャッシュカードをしきりと推奨しています。これは、その口座の情報を、すべて所定のアプリで管理する仕組みになっているといい、しかも、そのキャッシュレス決済でポイントも貯まれば、NISAなどの運用資産もこれでできます、というような「便利さ」をしきりにアピールしているのです。

そうして、「スマホを読み取り機にかざすだけで、支払いが完了するタッチ決済ができて便利です」「タッチ決済はお待たせしません」という点も強くアピールしています。しかし、冷静に考えてみるとかなり怖いことです。そういうことが他人に悪用される恐れが決してないと言えるのかどうか……いや、たしかに便利は便利かもしれないけれど、それ以前に、いちいちアプリなどを入れたりして、あれこれとやらなくてはならないというのは、私のように、そういう煩雑な手続きを苦手としている、とくに高齢者たちにとっては、非常にやりにくいところがあります。だからといって、それを誰か他の人にやってもらったりすると、悪用する人が決してないとも言えないにちがいない。だから、そういうシステムを「当然のこと」として、なんでもそちらへ誘導しようとしている、社会全体の風潮そのものが、もう私には親しみがもてません。

それにつけても、銀行内の窓口の様子を見ていても「どうしてお客の数に比して、こんなに銀行員が少ないのだ？」と感じるわけです。ははーん分かった、要するに、銀行は人件費を節約したいし、待つのが嫌ならオンラインにしたらどうだと誘導しているのであろう！　結局のところ、よくよく考えてみれば、それもこれも、銀行が人件費をできるだけカットしたい、そしてお客にアプリ決済などを勧めて、要は銀行が儲けるためにしていることに相違ないのです。

２０２３年は銀行協会は史上最高の大黒字だったというニュースを見ました。

それも、しかしひどい話です。

よろしいか、なにしろ私どもユーザーから預った貯金には事実上利子など付けず、それでいて、自分の金をＡＴＭで引き出すだけで、一年分の利子の何十倍もの手数料をとっているのですからそりゃ儲かったでしょう。そのうえ、もっと儲けるためには銀行員を減らせばいい。で、支店も減らせば経費がかからないし、手続きなども全部オンラインにしていけば、それはもちろん銀行は儲かるでしょう。

なぜ信用できないかには理由がある

もとはもっと数多くの都市銀行がありましたが、平成時代に銀行の大合併が行われて、いくつかの大銀行に収束したのが現在の姿ですが、どうもそのもともとのシステムの銀行間の不整合がどこかに残っているらしく、ために突然システムダウンするというようなことが現実にいくらも起こっています。そしてそういう不手際で顧客に多大の迷惑をかけておいても、なんの補償もしないという、このあこぎなる体質には、はなはだあきれ果てるばかりです。それゆえ、銀行の言いなりになって、すべての取引をオンラインだけにしていたとしたら、もしそのシステムがダウンしたり、あるいは外国の黒い組織からハッキングされたりしたら、当座に必要な現金を出すのも入れるのもできなくなってしまう。キャッシュレスという現今の風潮の背後には、そういうのっぴきならないリスクが伏在しているのだということを、まずもってよく認識していなくてはなりますまい。人間のやることはミスの絶無ということはどうしたって保《ほ》しがたい。人間はあやまりを犯す存在なのです。あるいは、悪意で人の口座から金を盗みとったり、組織のシステムに入り込んで悪さをしたりする組織的犯罪だって、世界中にいくらも発生しているではありませんか。

たとえば、eonet.jpというサイトのセキュリティ・インフォメーション（https://eonet.jp/security/column/column_20200525/）。これを見ると、

「2018年後半になると、銀行アカウントを攻略するウイルスの報告や、再び大手都銀のフィッシング詐欺サイトが報告されるなど攻撃激化の予兆がでてきました。そしてついに2019年9月、銀行不正送金の被害は急激に増加しました。守りが強固なオンラインバンキング口座の攻略に成功したようなのです」

と書かれています。

あるいは、「全国銀行協会」のサイト（https://www.zenginkyo.or.jp/hanzai/7316/）

にも、犯罪組織からの預金を狙った手口がいろいろと書かれています。これをちょっと引用しますと、

「手口１：改ざんしたウェブサイトの閲覧や添付ファイル付き電子メールなどからウィルスに感染させ、インターネットバンキング利用時に精巧な銀行のニセの画面を表示させて、インターネットバンキングにおけるＩＤやパスワード、乱数表、合言葉などの認証情報を入力させて取得し、第三者の口座への不正な送金が行われるものです。

感染したウィルスによっては、次のような手口によってパスワードが詐取されることもあり、犯人はそのパスワードを使って預金を不正に送金します。

（1）トークンというワンタイムパスワード生成機に表示されるパスワードの入力を促す偽の画面を表示させる

（2）お客さま宛に送信されたメールを盗み見ることができ、銀行から送信されてきたメールに記載されたワンタイムパスワードを盗み取る

ウィルスやスパイウェアなどを利用した手口は様々で、個人だけではなく法人のお客さまの被害も多発しています。法人のお客さまを狙う手口としては、ウィルスにより電

子証明書が不正に取得され、犯人が管理する別のパソコンで不正送金が行われるもの等があります。

手口2：銀行を装ったニセのメールを送るなどして、銀行のログイン画面を精巧に模倣したニセのホームページに誘導し、インターネットバンキングにおけるIDやパスワード、乱数表、合言葉などの認証情報を入力させて取得し、預金が不正に送金されるものです。

手口3：還付金の受取りのための必要手続きを名目として、お客さまの口座番号や暗証番号などの情報を聞き出し、お客さまに成りすましてネットバンキングを開始し、預金が不正に送金されるものです。

（1）市区町村や年金事務所などの職員を装った犯人が、「医療費の過払い分」「年金の未払い分」などを「還付します」と、電話をかけてきます。さらに「後ほど、銀行員から詳しい手続きを案内します」と言って、一回電話を切ります。

（2）その後、銀行員を装った犯人が電話してきて、「還付金を受け取るために口座番号やキャッシュカードの暗証番号が必要です」と言って、言葉巧みにお客さまの認証情報を聞き出します。
（3）犯人はお客さまから聞き出した認証情報をもとに、お客さまになりすましてネットバンキングを不正に申し込み、最終的には、お客さまの口座から預金が不正に送金されてしまいます。

手口4：パソコンやスマートフォンに偽の警告画面を表示して、インターネットバンキングによる送金を要求する手口です。

パソコンやスマートフォンで動画やウェブサイトなどを見ているときに、「ウイルスに感染」などの警告画面と、偽のサポート窓口への電話を促す画面が表示されます。自身が使っている電話番号の入力が求められることもあります。

その警告を信じて、偽のサポート窓口へ電話してしまうと、電話口に出た修理会社を装う犯罪者に騙されて、パソコンやスマートフォンに遠隔操作用のソフトをインストールさせられます。

その後、犯罪者から修理代金を要求され、その支払いのために自らインターネットバンキングにログインしたところ、遠隔操作により不正な送金が行われるものです」

どうでしょうか。ともかく相手は、どこの国の誰であるのか、なにもかも一切闇のなかに潜んでいる極悪人どもです。目下、私のところへ毎日到来するフィッシング目的の詐欺メールは、あきれるほどたくさんあり、またその文面などは精粗さまざまですが、なかにはついうっかり騙《だま》されそうになるほど精巧にできている偽メールもあります。たとえば、アマゾンなどで注文をしたその翌日あたりに、宅配便の配送照会メールをそっくり真似た詐欺メールがやってきたりすると、一瞬騙されそうになることもあります。

私は、注意深くそれらを識別して、危ないものには一切かかわらないように日々最大の努力をしていますが、それでも、つねに安全とは思えない現実があります。

まして、こういう悪らつなハッカーが、銀行内部のシステムにハッキングして、その顧客の預金情報などを盗み出し、勝手に預金を盗むというようなことも、すでに発生しているように仄聞しています。たとえばキヤノンの「サイバーセキュリティ情報局」というサイト（https://eset-info.canon-its.jp/malware_info/special/detail/220119.html）には、知らぬ間に預金口座をハッキングされて散々な目にあったマーティン・カウル（仮名）という人の例が報告されてもいます。

こういうおそるべき事件を見聞するにつけて、私は最近一つの決断をしました。それは、以前から便利に使っていた銀行のインターネットバンキングを一切やめたことです。それも、開く時は簡単に出来ても、いざこれをやめようとすると、かならず私本人が銀行窓口に出向いて、長時間またされた揚句《あげく》、いろいろ自筆の書類なども書いて解約しなくてはならないということになります。この面倒も安全のためと思えばやむを得ませんが、しかし、この手の各種詐欺犯罪が多発し、ますます増加しつつある現在、安易に銀行口座とインターネットを関連付けるのは、よほど考えものだと、私は思っています。多少の不便よりも安全が第一です。

私は銀行という商売は、もう少し社会の後ろ盾となって「世のため人のため」に尽すという側面を持っているのが本来だろうと思うのですが、現実の銀行は、金もうけ第一主義で、とてもそんなものではなさそうです。だからこそ、世の中が不景気に萎《しお》れていて、低所得にあえいでいる庶民の生活を尻目に、史上最高の黒字額、なんてことを誇っているのではあるまいかと思わざるを得ないのです。

なおかつ、銀行はキャッシングサービスという商売をしているではないですか。あれは、要するに、サラ金です。昔は、銀行とはまったく別会社の、専門のサラ金業者がやっていた。ところが、今はその業者を大銀行が吸収合併して、大銀行みずからが、サラ金事業をしているわけです。

そこでは、利息が十数%などと途方もない高利で貸している。銀行の融資の法定利子をはるかに上回っているわけです。だから、テレビの宣伝でも流れている通り、法律事務所に依頼して所定の手続きをすることによって、ことによると何十万も「過払い金」が返ってきたりするらしいのです。それって、おかしくないですか。もしそんなふうに法律に基づいて返金されるべき利子であるなら、最初からそんな文字通り「法外な」利子で小金を貸すなんて商売を、銀行がやるべきでない。貸すなら法定の正規金利で良心的に貸すという業態であるべきだと、私はどうしても思わずにはいられません。

つまるところ、銀行に高利貸しをさせること自体がおかしいし、それでやたらと儲かって、庶民から黙って金を取り上げているというのもけしからぬ振舞だといわざるを得ません。

そうして、その、いうところの「過払い金」を返してもらうには、専門の弁護士にお金をはらって手続きを依頼するという仕組みになっている……どうも、これは「みんなグルになってしていることなのではないか」と疑いたくなりますね。私は銀行の言うことは原則として信用しがたいという立場なので、銀行が「これをおやりなさい」と勧めるのであれば、「いいえ、やりません」と返答するというわけです。

つまりは、ひとことで言えば、「私は銀行を信用しない」ということなのです。

知らない人にお金を預ける危険性

たとえば、銀行を筆頭に金融機関がしきりに勧めるＮＩＳＡみたいなものをやったとしても、自分のお金がどのように流れていっているか、誰も知らないわけです。それゆえ、「知らない人に大切な資産を預けるなんてことは、ぜひやめたほうがいい」と、私は言いたいのです。

銀行が事実上ゼロに等しい低金利ですから、そこに預金をただ置いておくよりは、Ｎ

ＩＳＡに投資してはどうですかと勧めてくる。そうすると、「10年後には2割増しになりますよ」などと言うわけです。私などはへそ曲がりですから、もしそんな親切なる運用を銀行がしてくれるなら、人から預った預金を、そのように有利な運用をして、史上最高の黒字なんてことをいばっていないで、せいぜい利子として顧客に還元したらどんなものでしょうか……と、そう思ってしまいます。

そこで冷静になって考えなければいけません。小口の手もと金から始められると言うけれど、では１００万円を元手にしたとする。それを預けたとして、数年後にいくらか利益が出たとしてもせいぜい数万円くらいのものでしょう。なにもせずに20万も儲かるとは到底思えません。以前は「投資信託」なんてのにお金を預けたことがありますが、どういうめぐりあわせか、元本割れということが現実になんどもありました。

そういうふうに考えると、投資というのは手許に余剰金というか、自由に処分できる、しかも使わなくてもいい
いいお金がある場合にのみ、利益など当てにせずに考えるべきものではないかと思います。

たとえば、今75歳の人が夫婦2人で一生なんとか食べていくのに３０００万を確保し

たうえで、その他に1億円くらい遊休資産を持っていたとしましょうか。そうしたら、それを無利子の銀行口座で遊ばせておかないで、多少なりとも有利な投資に回すのには意味がありましょう。しかし、私自身は、そんな余剰資産はもちろん持っていないので、証券やら為替やらの、いわゆる「投資」はいたしません。じつに単純な原理です。

自分の「一生の暮らしに関係のないお金」を元にして増やしたりしていくことはけっこうなことかと……だから、「お金持ちの人はぜひなさってください」と思うわけです。そのかわり、これが投資の失敗で、半額に減ってしまっても、それはそれで、まあしょうがないと諦める、というようなマインドでいられるなら、おおいに結構です。

けれど、そうではない一般の人たちが「10万、20万から始められます」などと勧められて、余裕のない手許からいくばくかのお金を割いて、NISAを始めてどうしますか。それは畢竟《ひっきょう》、少ない可処分所得を、いっそう少なくするというだけの結果で、一万二万というお金は、庶民の生活資金としては大切な金額ですが、投資の元手とするには、少な過ぎて、結果として手にする利子は、良くっても何年後かに、ビールを何本か飲んだらおしまい、という程度の金額でしかないのではなかろうかと思うのです。

NISAは資産を持つ人がやればいい

アメリカ人は、子どものころから、貯金や投資、それからドネーション（寄付）という考えが身についている。ドネーションとは、お金に余裕がある人が世のため人のために寄付するということ。これはキリスト教的観念であって、キリスト教はよく教会に寄付をするし、慈善活動も盛んです。

だから、お金に余裕のある人たちは、自己の幸福のために、他者に寄付をするわけです。とはいえそれは、考えてみると、莫大な資産を持ってると税金がかかるから、寄付によって租税回避するというドライな側面もあるので、単純な善意とばかりは思えません。寄付をすると、税金が一部免除になる、これはどこの国でもおなじことではなかろうかと思います。それは、まあ信念の問題で、資産運用とか財産保持とかいうこととは、ひとまず全然別のことだといわなくてはなりません。

まずは「冷静に考えてください」と言いたいのです。日々の生活に使わないようなお金が1億も2億もあるような人に「株の投資でもどうですか？」と勧めて、「でも株だとしくじる場合もあるから投資信託型のものにお金を預けてください」というのは理屈としてわかる。

でも、私なんぞはそんな余裕はないので、たいせつな自己資金を、誰とも知らぬ人に預けて運用してもらうということが、どうも信用しがたいのです。

株の売り買いで一番儲かるのは誰なのか

そもそも「株の売り買いとはなんだろう?」と、私はいつも思うのです。信頼する友人で、日本でも指折りの投資アナリストである岡本和久さんに教えてもらったことなのですが、たとえば、世の中のためになる事業をする人間が出てきた。でも、資本がないからお金をみんなから集めたい。そこで、資金を持っている人は「ああ、あれはなかなか見どころがあるし、世のため人のためになる事業だからね。じゃあ、この人にその事業をやらせてみようか」と出資する。で、その人はいいアイデアを以て、世のためになるような事業を続けた結果、10年後には大企業になって莫大な利潤《りじゅん》が出るようになった。その儲かった分を、お金を出してくれた人に還元してくれるというのが、株の配当金というものです。

そのような状況になれば株価もどんどん上がるから、それを売ると、最初に投資した人は儲かる。株式はそうしたことであって、はなから儲けるために売り買いをするわけではない、と。「株というものはみだりに売り買いしてはいけない」と、彼はこう言うのです。

どうしてもこの会社を応援したいからお金を投資する、その結果として利益をもらうのは正しいことで資本主義の基本だ、というのが彼の教えです。「どんな会社かもろくに知らず、ただ株式のチャートだけを睨《にら》んでは、株をせわしなく売ったり買ったりして、日々あぶく銭を儲ける、などというのは、投機であって投資ではない」というのです。

そして、20、30年後に、仮に経営者が変ったりした結果、その企業が潰れてパーになったら、それは自分の目がなかったと諦めるべき、なのだと。「もし投資した人物や会社が優れており、自分にそれを見極める目があって、結果としてお金が儲かったのであればそれはめでたいことだ」とも聞きました。

また、株を売り買いしてあたかも自分が儲かったように人は思うけれど、その裏側では、かならず株で損をした人も存在しているわけであって、一番儲けているのは、両方から手数料を取っている証券会社なのです。だから、NISAなどというのは、もともとどういうところに投資しているのかも知らずに、不見転《みずてん》で大切な資金を他人に預けてしまうわけだから、まあ私に言わせると、結局庶民からなけなしの金を集めて中間マージンを搾取するための装置だ、というように思わずにはいられません。

「知らない人に預ける」危険性を考える

いわゆる金融商品みたいなものを、あれこれ、あれこれとすすめられるのは、要するに、彼ら銀行が儲けたいからです。しかし、こちらは儲けられたくないわけだから、できるだけ相手にしないことがよいと思っています。

2023年の3月には株価が4万円台まで高騰しました。それが瓦解《がかい》した折には、「急に株が安くなったので、思ったようにベネフィットが出ませんでした」などと言って、元本割れが起こるのです。そのときのために、最初から「元本割れする場合もあります」と書いてあるので、それに関して誰からも文句は言われない。

株価が最高値の4万円越えをしても、結局は、マネーゲームです。株価にしても投資にしても、すべては結果論。「今、4万円になった。せめて2万円のときに買っておけば倍になったな」と思うじゃありませんか。それではしかし、後の祭りです。それではというので、4万円のときに、「2年後には6万円になるかな」と思って買ったら、だいたい暴落します。それで、せっかくのお金がみんなパーになるということに……。ですから、そういう悔しい思いをしないためには、はなから手を出さないことです。「せめてあの時に買っておけば、いま二倍になったのになあ」と、結果から見て思うことはよくあります。それが投資というもので、綿密な調査と相場勘でも持っていれば、そりゃ儲けられる。しかし、少数の人が莫大な儲けを手にするというのは、結局多くの人が損しているということの裏返しだから、そうそう金儲けの話などは転がっていないと思ったほうがよい。たとえば金地金《じがね》の相場なんかも、これでもし40年前に100万円分くらい買っておけば、今ごろは200万か300万にでもなったでしょう。しかし、40年前にはそんなこと思いつきもしなかったのだから、まあ後の祭りです。そのころ、たんまりと「お手許金《てもと》」を持っていて、なおかつ目端《めはし》のきいた人は、40年後の今時分には、そうとうの儲けを得て、ニコニコしてるでしょう……けれども、それを今から再現しようってわけにはいきません。あくまで結果論であって、遡及性《そきゅうせい》はないのが、こういう話の根幹ですからね。

ただし、こういうことはある。

もし株式投資をするのであれば、どの分野が伸びていくのか、どの会社が筋のいい会社なのかを、日ごろからよくよく研究しておいて、その会社の株を一発買いする。そして売らずに持っている。それしかないと思います。証券会社の言いなりになってはいけません。リスク分散をするためには、投資先も分散する、それはセオリーではあっても、そのためには、広く世界を見渡す眼力がなくてはなりません。また知識も必要でしょう。さあ、そうなると、日々の暮らしに汲々としている私どもが、仕事そっちのけにして投資先の研究なんかしていられません。そこで、証券会社に任せるということになるんですが、証券会社だって常に儲かるわけでない。山一証券のように、大手でもつぶれてしまうこともある。プロのマネージャーがやっていた筈の公的資金運用なども、まったく大損をしたりしている、まあ、疑い出せば切りがないのです。

投資というものはそういうものです。だから、投資を人任せにすることが、もう間違っている。リスクを予想して対応できるよう備えるためにいろいろ分散していると言うけれど、でも、大恐慌のようなものが起こったら全てアウトです。

誰だか知らない投資マネージャーみたいな人に自分のお金を任せていて、「あなた、誰に任せているのだ?」と聞いても、誰も知らない。全く知りもしない人に、自分のお金を任せてよいのでしょうか。

現金は、少なくともこの数十年の日本のように、全体としてデフレ的であった社会では、もっとも安全であり、便利でした。それを、政府は、インフレのほうに持っていこうとしている。そうなると、みんな焦って投資をしてインフレヘッジをしなくちゃ、と思う……というか思わせられるのだけれど、さてどうでしょうか。政府のいうことはそんなに無条件に信じていいものとも思えません。

なんでも現金をやめさせて、金融商品に手を出させようとする。しかも、なんでもオンラインで進めさせるような、この行き方というのは日本の国家体制としてすごく危ないことではないかと思うのです。

株式投資は一部の人が儲けているだけ

投資について言うと、1990年代初頭から日本は経済成長が停滞した「失われた30年」とも言われるデフレ状態に長らくありました。そうすると、この間は金利も付かなかったけれども、貨幣価値も落ちなかった。投資をしていなくても痛くも痒《かゆ》くもなかった。

今は毎年2%ずつ物価が上がっていくことを日本の政官界・経済界は目標として掲げています。けれど、そのようなことに意味があるだろうか、と私は思うわけです。日本が仮に鎖国して江戸時代のように経済が停滞をして値段もあまり変わらず行くのなら、そのほうが幸せなのではなかろうか、と。

無理やり何でもかんでも値上げさせて、「だから投資しろ」と勧めるのは、人を騙しているのではないかという気になります。

実際に投資して得をするのはお金持ちだけです。「500円からでもできます」などという甘言に乗せられて「じゃあ、1000円にします」といっても、結局「1000

円ではやはりなんですから、最低10万くらいはなさらないと」とかいうようなことになる。

たとえば、ワンルームの家賃が10万円以下の所に住んでいる人が、なけなしの10万を投資に回して、何年後かに10万1000円になったとします。そんなことに何の意味がありますか。投資というのは、煎《せん》じ詰めれば、金持ちのすることなんです。

父祖伝来のお金持ちの人や、都市近郊の金満地主さんたちなどは、可処分所得というものが膨大《ぼうだい》にあるわけです。一方、大多数の我々庶民は、かつがつの収入の範囲で暮らしている。だから、節約ということをうるさく言うのです。

もし私が仮に億万長者で、月せいぜい50万もあれば十分暮らせるなと思っていて、銀行に置いてある金が10億円くらいあるとします。この10億円をそのまま銀行に置いといても、あまり利子が付かないでつまらないと。それだったらこの10億を、片方は国債や株式を買おう、片方は土地に投資をしようとか、目減りをしないように分散して投資します。そうすれば、これからインフレターゲットで物価が上がっていったときに損をしません。けれども、どこにどのように投資するか、ということは、言うは易くして、じつは行なうは簡単ではありません。そうそう美味しい話などは、そこらに転がってはいないのです。

投資よりコツコツ貯めるほうがいい

というわけで、たんまりと余剰のお金がある人はぜひ投資したほうがいい。でも、日本のどれだけの人にそういう余剰金がありますか。50万とか100万とかいうような金額で投資をしたところで、実は、そこで儲かるお金は何千円くらいにしかならないのです。

それならば、「その10万円を有効に活用して（つまり適切に使って）、自分の生活を豊かにしたほうがいいのではないだろうか」と、私は思います。幸いに日本の銀行はそうそう潰れたりはしないし、政府も簡単には潰さないでしょう。

銀行というのはアコギな商売でけしからぬけれども、銀行預金はお金を安全に置いておくには一番良い、と思います。

結局、アメリカのように貧富の差が大きくて、金持ちは猛烈な金持ち、貧乏人はほとんどもう行き倒れ同様のような社会では、お金をいかに投資するかが重要な人生の教育になる。一方、昭和時代までの日本は、真面目に働けば誰もが一定の水準で暮らせて、そこそこの貯金もでき、老後も子どもたちが面倒をみてくれるというような社会モデルだった。そうした社会モデル、言い換えると、投資投資なんて血眼にならなくともそこそこ良かった時代は幸せだったのではないかと思うのです。

今は、子どもたちは年老いた親の面倒はみない。だいいち、子供がいない人も増え、いてもせいぜい一人とか二人だから、そこへ老後の自分を頼ろうってのは、なかなか難しい。だから、年寄りは自分の頭の蠅《はえ》を自分で追わなければならず、アメリカのようにドライな社会になりつつある。そうすると、我々は余剰のお金を投資に回さず、安全確実な貯金として持っていたほうがいいような気がします。

どこかの途上国のようにインフレ率が何億倍などということにはならないと思うので、年率2%のインフレ目標であれば、その分、年々2%ずつ節約する、それでいいのではないでしょうか。2%の支出をセーブすればトントンになって、資産は減らないことになりますから。たとえば、後期高齢者になったら、車に乗るのは諦めるとか、あるいは、それまでクラウンやらベンツやらに乗っていたのを、まあ、軽自動車あるいはコンパクトカーにするとか、外食していたのをうんと少なくするとか、酒・タバコなどの余計な出費をすっきりと切り捨てるとか、年に2%くらいの節約などは、それほど難しいことではないように思います。

今、日本の株式が高くなっているのは、NISAのせいだという話があります。ところが、それは株バブルですから、いつ破裂するかわからない。

それなのに、様々な金融商品をあれこれとこしらえ上げて、これであたかも多くの人がみんな得をするかのように言うのはちょっと詐欺的ではなかろうかと、銀行ならびに投資不信論者の私は思うわけです。

一番大切なのは、やはり無駄遣いをしないでコツコツと貯めることです。日本人的なマインドとして、冗費を省くということに、せいぜい力を尽くした方がいい。

年金は受給開始になったら即座にもらう

年金にしても、我々はいったいどのように運用されているのかわからない。自分のお金がいったいどこへ投資されているのかは知りようもない。そうしたことを考えても、年金について一番大事なことは、政府を信用しないということでありましょう。

たとえば、「65歳から貰えます。でも、それを70歳まで待つと支払額が多くなります」という、年金を受け取る時期を遅らせる「繰下げ受給」という制度。仮に70歳まで遅らせると、82歳近くなると生涯受給額が逆転するようになっていますね。だから、できるだけ遅く貰い出すほど1か月に受給する金額は多くなるはずですが、そこでみなさん忘れているのは、自分が何歳まで生きられるかわからないということです。

それで、「75歳からにしておいて95歳まで受給すれば、1か月にこれだけ貰える」などは、捕らぬ狸の皮算用もいいところ。95歳まで生きる保証なんてありますか。年金は死んだら丸損なんですから。

私は以前まだ年金受給開始年齢が60歳だった頃、60歳になると同時に、即座に受給を開始しました。今75歳ですから、すでに15年分、それは1円も使わずにすべて近所の信用金庫に貯金しておいてあります。そうするとその間、私は着々と働いてきちんと自分の働いたお金で生活できていますから、その信用金庫の貯金は、まるまる残っています。

こうして、ともかくちゃんと働いてお金を稼げる間は、年金には手を付けないでおけば、とても心強い老後資金になって溜っていきます。いずれにしても、何歳まで生きるか分からない以上、年金が受給できる年齢になったら、即座に貰ったほうがいいと私は思っています。私は運用している政府を一切信用していませんから。年金はさっさと受け取って、すべては現金として手許に留保する、これが私のやりかたです。

支給された年金は地元の信用金庫へ

さて、支給された年金は一銭も使わず、地元の信用金庫に定期預金の形にして預けている、と申しました。なぜ銀行でなくて信用金庫かというと、信用金庫は地元でお金を回しているから、割合にお金の回り先が明白で、地元の商店や中小企業の資金として活用されます。それだけ世の為人の為という感じが、そこはかとなくするのです。そして、手続きなどをしに信用金庫に出向くと、心ばかりですが、袋菓子などをくれたりと、サービスもどこか人間的です。あまり待たされることもありません。

こうして、自分に収入があるうちは全額貯金しておけば、80歳くらいまでには相当な金額になるわけです。で、いよいよもうリタイアだとなったら、その20年間くらい貯めた年金と老後に備えておいた銀行預金、あるいは郵便貯金などを少しずつ取り崩して暮せば95歳まで安泰で暮らせます。

地元の信用金庫は、だいたい住んでいるところから一番近い場所にあります。また、たとえば城南信用金庫のように、世のため人のためを標榜《ひょうぼう》しているようなところもあるわけです。実際に行ってみた感じでは、やはり信用金庫のほうが親しみが持てて、銀行よりもずっと感じがいい。

こうして、65歳でなお生活可能な収入がある人は、受給を繰り下げるのではなく、その年金分を貯金に回す。そうすると着実に貯まっていく。それを投資に回そうなんて思わないことです。投資に回したとて、実際に儲けているのは投資会社で、出資者はそのほんのおこぼれをいただいているにすぎないのです。いかに投資、NISAにすると何%の利回りがあるといっても、定期預金より多少ましというくらいなもの。元本が1億円くらいあればよいかもしれませんが、少額投資のチマチマした余得よりも、せいぜい節約して冗費を省く心がけのほうが上等確実です。

子供の教育について

息子が小学校に入ったかくらいのころだったでしょうか、私の母が孫にねだられて、当時流行のファミコンを買い与えたということがありました。そうしたら、たちまち息子が夢中になってしまって、見ていると何時間でも顔を紅潮させて夢中でテレビゲームにのめり込んでいるという姿を見ました。

で、これはいいことは何もない。このようなことで時間はどんどん無駄になっていく。また発達中の脳に対して、おそらく相当悪い影響を与えるだろうから、これはこの子のためにならないと思い、私は、すべて取り上げてゲームを禁止しました。

当時はひどい親だと言われましたが、そういうことを看過《かんか》していくと、ひいてはスマホゲームで課金をされて、子どもがお金を取られたりなどというしくじりにつながっていくわけです。

ましてや、子供を教育する際に、親自身が同じようなことをしていたら示しがつかない。「金がない」と言いながら、親が先立ちになって、ゲームをしているなどというのは、これはもう沙汰《さた》の限りです。

子供はやはり「読み・書き・そろばん」というような地道なところ、つまりは基礎的な国語教育や理数教育を、きちんと与えていかないと、将来は根無し草のような人間が増えてしまうと思います。

投資という意味では、私は自分の子供たちにバランスの取れた人間になってもらいたいと思っていました。ガリガリ亡者の金儲けだけみたいな人間でも嫌だし、ならず者のような者でも困る。やはり大人になってから、芸術的なこと、たとえば音楽や絵画、あるいは文学などにも関心なり興味なり持ってもらえたら、と。

ある程度自分で何かしらの楽器ができれば、人の音楽を聴きに行くのでも、深く味わって楽しめる。自分が何も素養がないとなかなか深いところまでは味わいが及ばないきらいがありましょう。

たとえば、能楽を観に行くと言っても、謡《うたい》や仕舞《しまい》などの素養がなければ、観たとしてもなかなか楽しめないことでしょう。

そのために、基本的な音楽、それから絵、あるいは能の仕舞など、芸術方面の基礎は子どもたちに強制的に習わせました。

そのようなことこそ、じつは大切なことだと思うのです。人間はただ金儲けをすればよいというものでもなく、運動だけできて体が丈夫ならそれでよいわけでもない。やはり、一定水準の勉強もできて、社会的な礼儀作法のような常識もあり、何より人生を楽しむ方便としての芸術を身につけているという、3本柱が子どもに対する教育の基本だろうと私は信じています。

芸術に投資するということ

まず、読み書きそろばんの方面は、学校に行けば教えてくれる。けれども、芸術のようなものは親がバックアップして習わせないと、放っておいてはなかなか上手にはならないものです。そこは親がお金を出して、然《しか》るべき先生につけて習わせるのがいちばんの近道でしょう。

大人になってから音楽を聴きに行ったときにも、自分自身ある程度演奏ができ、あるいは理論的なことも知っていたほうが、結局楽しいではないですか。そういう意味で、子供の情操教育には投資を惜しむべきではないと思います。

自宅で晩酌《ばんしゃく》をしてビールひと缶300円を毎日飲んだら、ひと月で9000円です。そのお金があれば、子供にお稽古事をさせられる。そういうふうにして、自分がやらなくてもよいことをやめて、その分を子供の情操教育に振り向けるということが、実質的にもっとも有効な投資です。日本人にとって、やるべきほんとうの投資というのはそこだと思います。

なぜかと言うと、東洋の中にあって日本のように自立して発展した国はないのです。ノーベル賞学者がこれほど出ているのもアジアでは日本だけ。新幹線を作ったのも日本だけです。つまり、日本という国は、昔から教育にお金をかけるうるわしい伝統があった。それは何もお金持ちだけではなく、身分のいかんに関わらず読み書きそろばんくらいはできるよう、江戸時代にも寺子屋に通わせるという学びがあったのです。

この基礎があったればこそ、明治維新になったときに、急速な近代化に向けて、困らなかったわけです。西洋諸国、列強諸国がやってきても、植民地にならずに、あっと言う間に「文明開化」という近代化を成し遂げた。それはつまり、一人ひとりの国民が、自分の子供に教育する心を持っていた、という伝統の力なのです。

私の息子は長じて医学の道に進みましたが、小学校入学と同時にクラシックギターを習わせて、演奏家に準ずるくらいの技量を持つところまで稽古を重ねたものでした。今は仕事が忙しくて、全く演奏はしませんが、今度、自分が子育てをする番になったときに、その子供たちにまた、そういう芸術教育を与えてきました。そういうわけで、私の孫たちは今、ピアノ、ヴァイオリン、フルートなどの楽器演奏については相当の腕前になりました。

やはり英知と芸術、これを磨くようにお金を使って子供たちに与えるということが、一番大事な投資だと思います。それは他のものではかけがえのないことで、取り返しがつかないから、ぜひとも心掛けておかないといけません。なにしろ、この世で、決して取り返せないものは「時間」です。子供は育っていくのに膨大な時間を使いますが、その育っていく時間のなかで、いかに時間を有効に活用して教養や芸術性を身に付けさせるか、それはもう親の責務であって、うかうかと子供が大きくなってしまってからでは、もう逆立ちしたって取り返すことができません。

これらは、自分の子供や孫たちが、幸せで意義のある人生を構築できるように、親としてしてやれる、まさに「未来への投資」です。それはお金では利得として返っては来ませんが、彼らの幸福で豊かな人生という「実り」として、十分に戻ってきます。

私は専門分野の古書に投資をしています

実は、もう一つ私が投資をしているものがあります。それは、自分の専門である古い書物。古書というものは、価値あるものは大変に高いお金で取引されます。どの本に価値があるかというのは専門の修練を積んだ人でないとわからない。私はもともと書誌学者で文献を研究してきたので、どういう本に価値があるかを鑑定することができます。

これは、だいぶ昔のことになりますが、ブックオフとかいうような「中古本屋」という商売がずいぶん盛んでした。私の自宅の近くにもその種の中古本屋があって、散歩のついでなどに、ちょいちょい覗くのが楽しみでした。ところが、もともとこういう業態は昔から有る古書店とは違って、本の評価ということをほとんどやりません。単行本なら一冊いくらとかいうような、「量り買い」みたいなスタイルなので、じっさいに買い取りをしているスタッフは、古書を見る鑑定眼などないアルバイト学生であったりします。そこで店頭に出てくるものは、まさに玉石混交《ぎょくせきこんこう》で、面白い掘り出しものが眠っているのです。

一つだけ典型的な例を申しましょうか。

だいぶんと昔のある日、私は近所の中古本屋で、近代の詩人の、ある詩集の初版本を買いました。たぶん500円とか1000円とかそのくらいの価格であったかと思います。しかし、その函《はこ》なども完具したなかなか良い本でした。10年以上じっくりと手許に置いてから、私はこれを神田の大きな古書入札会に出品したところ、幸いに買った値段の何倍かの価格で落札された、ということがあります。こういうのは、鑑識眼という特別の能力を養っておけば、決して損はしないで、応分の利得を得ることができます。古書市場というのはそういう世界なので、私はたった一つの投資として、古書への投資ということをやっています。

そのようなことは、たとえばヤフーオークションなどでもあり得ます。

別に儲かるためだけにそうしたサイトを見ているわけではなく、自分がとても興味があって必要なものだと思うものはヤフーオークションでも、できるだけ入札して手に入れます。しかるに、もともとヤフーオークションで古書を見ている人たちは、私のような古書マニアと、あとは古本屋さんで、彼らも一種の投資家です。

たとえば古書市場で100万円の価値のあるものがあったとします。で、これがポッとヤフーオークションに出たとき、注目するのはその価値がわかっている古本屋さん。「これは市場に出したら100万円くらいだな」と思ったら、絶対に落札価格は100万円までは行かない。それを超えると、たとえ落札できたとしても損をしてしまうからです。すなわち、古本屋さんたちは、せいぜいこれを半額の50万前後までのレベルで落としたいという競り合いになるわけです。

私などはずっと値の上がり方を見ていると、そろそろ潮時かなというのがわかります。その最後のところはもう「つばぜり合い」で、最後の1分、2分で決まったりもします。それらは、いわば価値の分かっているものを巡る競り合いです。

でも、時々そうではなくて「祖父が残した本だけど、草書体で書いてあるから、どういう本だかわかりませんが」とか言って、題名もわからないまま「どうぞ」とヤフーオークションに出してくる場合があるわけです。

そうすると、こういうのを判読するのは私ども文献学者の本業ですから、「これはかくかくしかじか誰々の自筆本で、古書市場に出せばどう考えても結構な値段で売れるな」と思ったら、すぐに3000円とか4000円とかで入札する。そこからうまくすれば、1万円とかの価格で競り落とせたりします。

そのようにして、リーズナブルな価格で古書を手に入れると、あとは手許に置いて、楽しみに読んだり研究したりしながら、愛玩して過ごします。そうして、十年か十五年も経ったら、そろそろ世の中にお返しする、というつもりで古書の大市の方へ出品すると、それで、充分な楽しみや知識が得られた上に、相応の利得が得られるのです。

あるいは、ときどきは地方の小さな古書店などで、そういう良いものを掘り出すこともあります。宝はどこにどういうふうに眠っているかわからないのです。

ほかの投資も適宜、見えないところで

私はそのようにして自分の専門の古書に投資をしているので、株式に投資しようなど

という気は全くありません。やはり素人は手を出さないほうがいい。本の投資も素人にはできません、私どものような専門家でないとこれは難しい。

骨董品《こっとうひん》なんかもそうです。だいたい偽物ばかり多い世界ですから。そこを騙されて元々だと思って、私は購入しています。たとえば、私が持っているさる有名な日本画家の絵。本物なのですがなぜかとても安くヤフオクで落としたものです。ちょっと読みにくいサインで表装もされていない物だったことで人目につかなかったのでしょう。これは今も大切に保管して、ときどき取り出しては眺めています。美術品も丹念に見ていると、いいものがフッと落ちることもあるのです。そういうふうに書画骨董というものに投資をして、私は損をしないどころか楽しみながらある程度の利を得ています。

結局、世の中にある古書は増えない。古書は新たに生産できるものではありません。だから、値段はだんだん上がるのです。昔の木版画なども何十点か持っていますけれど、これも何十年も前、まだ誰も注目していない時代に買い集めたもの。今は相当な値段になっているかと思います。そのように、投資は、適宜《てきぎ》、人には見えないような所で、世の中の人がまだ気付いていない「価値あるもの」を買っておくという形でも、やっています。

本も株もすぐに売らない

専門家でなくとも、注意深くサイトを見ているとだんだんとわかってくることもあると思います。たとえば古本屋さんの目録を常に眺めて、この本はどのくらいかという相場を覚えるようにする。なにごとも勉強が大切ですが、ただ、自分の好きな分野の古書を買うのであれば、なにより読む楽しみ、手に取って愛玩する楽しみ、書棚に置いて眺める楽しみがありますから、それだけでも決して損はしないのです。その上充分楽しんだあとで、オークションなどに出して売却すると、そこそこの利益を得られるというわけです。

人によっては、株式の投資も同じようなところがあるのではないでしょうか。自分のよく知っている分野、たとえば、化学品を扱ってきた会社に勤めていた人であれば、その分野で今注目を浴びている会社などの情報をまずは広く集める。素人には解らないけれど、新薬開発の情勢などをよく研究して、今後どういう薬品が、真に世の中に必要なのかを考えて、それを新しく開発したという会社に、密かに投資しておく。そうすれば、まずたいてい損をすることはないでしょう。その代わり、本でも株でも、売ったり買ったりせずに20年くらいは手許に温めて持っている、そういうことが必要なのだと思います。

本は借りずに買って読みます

本といえば、私は図書館で借りて読むことはまずありません。人からも借りません。借りると返すのが面倒だし、借りっぱなしになってしまうといけない。だから、極力自分で本を探すのです。ヤフーオークションで買うこともありますし、「日本の古本屋」というサイトで探すこともあります。このサイトには全国900店の古本屋が加盟していて、自分の店の在庫をアップしています。神田じゅうの古書店の本棚を見て回るのは大変な時間と手間がかかりますが、「日本の古本屋」サイトを使えば、書名でピュッと検索できるわけです。

すると、たとえば盛岡や北九州の本屋さんなどにお目当ての本があるとして、同じ本でも値段にずいぶん幅があることもあります。とにかく内容が知りたいだけだから多少汚くとも構わないとなると、ずいぶん安く買えたりします。

古本屋の相場として、今、本がどのくらいなのかを知るのにもこのサイトは役立ちます。「日本の古本屋」サイトで検索をして、いったい古本屋さんがいくらで出しているかとかいうのをつねづね見ておくのです。そして、今度はヤフーオークションで入札するときに、いくらを限度にするかを決める。「この本にこれ以上の値段を入れたらバカバカしい」と思ったら、「日本の古本屋」で安い本を買うようにしています。

そのように常にサイトを見比べながら、情報をできるだけ多く得て、自分が一番求めている形で本を買う。そうしていくと、無駄なお金は使わないで済みます。良いものは、叙上の古書入札市などに出品することもありますが、それほどの価値のないものについては、馴染の古本屋さんを呼んで、一括してどっさりと買い取ってもらうこともあります。

古本屋さんに売ると、いわゆる普通の洋装本は本当に安い。私はいつも近所にある出入りの古本屋さんに、昔からの付き合いで、そこそこなっとくのいく値段で買ってもらっています。それは日ごろからその本屋さんで本をあれこれ買うだけでなく、なにかと懇意にしているからなのですが……。

そうでなければ、たとえば高価な学術書のような本は、メルカリなどに出すこともあります。すると、忘れた頃にポッポッと売れたりもしますが、その代わりちっとも儲からない。ただ、場所塞《ふさ》ぎな本の処分はできます。

そうやって本は売ったり買ったりしていますけれども、やはりできるだけ高く売って、できるだけ安く買うようにする。そのための努力は惜しまないことが大事です。私は日頃から本を購入する際は、あれこれと見比べて、いわゆる「相場観」を養うようにしています。そういう方法と眼力を身につけないといけません。

電子書籍は一切見ることはありません

ちなみに、私は電子書籍を一切見ません。電子ものは、読んだ気がしないのです。場所塞《ふさ》ぎにならないメリットはあるかもしれないけれども、本というものはそこに「オブジェクトとしての書物」があることが大事なのです。実際に本を持っていれば、たとえばなにかの記事を探そうというときに、「だいたいこのへんだったよな」と思う場所をパッと開けて、ササッと探すことができる。そして、そこに付箋《ふせん》をつけたりして、いつでもまた参照できるように、机辺に置いておくこともできますね。

こんなふうに、本を自分の手元に置いて、じっくりと読みながら、次に役立てていく、こういうことが自分の知識の蓄積にもなります。ところが、図書館で借りたり、電子本で読んだりして得る知識はなかなか身につかないものなのです。

記憶というのは当該の書物を読んだ瞬間だけのことだけではなく、その後に何回もその本を目にしたことで、またその記憶が強化されるのです。本の背表紙を見るたびに、「あそこであああいうことが書いてあったな」と、そこはかとなく思い出す。そういうことでもって、読んだことを忘れないものなのです。

だから、「林さん、よくそんないろんなものを読んで覚えていますね」などと言われますけれど、やはりそれは本を買っていることの功です。お金を使うことだけれども、新本で買うばかりではなく、同じもので古本のほうが安ければ、それを買う。そういう「知恵」も必要です。なにぶんお金は有限ですからね。

本だけでなく、古いCDなども、ブックオフのような所に出かけて探してみると、やはり掘り出し物に出合うことがあります。

たとえば、私の買った中ではこんなものがありました。30年くらい前に出て今は名盤中の名盤とされている、ピエロ・カプッチルリというイタリアの有名なバリトン歌手の『イタリア歌曲集』というCD。これはきちんとした中古CD屋で買うと8000円ほどもする。でも「ブックセンターいとう」で探したら、500円ほどで棚に出ていました。これまた良い掘り出しものでした。

そうしたことは、自分にチョイスする見識があるかどうかの問題です。欲しいものが安く手に入れば、単純にうれしい。お金の節約というのはそうしたものです。

世の中は、お金を出しさえすれば大抵のことはなんとかなります。トランプのように大統領にだってなれる。かといって、お金はいくらでも出せばよいというものではありません。できるだけお金を出さずに、それだけの価値のものを手に入れるということが賢い生き方ではないのかなと思います。

まして、我々は手許に無尽蔵のお金があるわけではない。使えるお金の中で無駄を出さないでやろうと思えば、ヤフーオークションや「日本の古本屋」などさまざまなメディアを利用することが一番いい。また各地の古書店と日ごろから「おつきあい」の買い物をしておいて、目録などが出た時にはすぐ送ってもらう、そしてまた、時には当面必要はなくても、御愛想《おあいそ》に買っておく、そういう智慧も必要です。そして各店の目録などを順繰りに見ておいて、つねづね古書の相場観を養っておく、そこにまた投資の「種」があります。

冠婚葬祭は義理を欠くという考えです

無駄を出さないといえば、冠婚葬祭は、たいていの場合「義理を欠く」ことにしています。このごろは結婚式も皆さん友達同士だけでやるような感じになってきて、仲人もいないことがふつうです。良く知るひとの結婚式なら、呼ばれれば行かないことはないですけれども、やはりご祝儀をいくら出すかというのはいつも悩ましいもの。

私は、そもそもご祝儀には幅があると思っています。このくらいの付き合いの人であれば、まあ10万円から3万円の範囲かな、というような。お金持ちであれば10万円出すかもしれないし、そうでもない人は3万かもしれない。そうだとしたら、私は常に一番下の金額を出します。見栄を張らない。それで、金額が少なかったと文句を言う人はいません。

そして、極力行かないという考えです。冠婚葬祭については、後になって知らせてくれれば、それが一番いい。私は葬式に招かれたとしても香典は決して見栄を張らない金額で、多くとも1万円ほどまでにしておきます。そうして、御香典を置いて、さっと拝《おが》んで、挨拶したらすぐに帰ってきます。えんえんと線香の煙に燻《いぶ》されて、ながながと読《ど》経《きょう》などにつきあう気持ちはまるっきりありません。

ほかにも、誰々が芸術院会員に選ばれた、紫綬《しじゅ》褒章を受けた、文化功労者になられたとかいうお知らせをいただいたら、私は「おめでとうございます」という手紙を心こめて書くだけで、特に御花やお祝いなどを贈ることまではいたしません。

自分が、たとえばそうした立場になったとして、お祝儀を頂いたら、今度はお返しをしなくてはならなくなる。それは馬鹿らしいお金のやりとりです。祝意というものは、懇篤《こんとく》な手紙を書いて祝意を表すことはよいけれども、そこに何もお金を付ける必要はないという考えです。

そういう意味で言うと私はけっこう筆まめで、それはきちんとやります。通り一遍ではなく自分の言葉で、心を込めて、パソコンできれいに書いて自筆でサインをし、自分で宛名を書いて、美しい封書にして送ります。そういうときのために、自分が描いた絵をあしらった封書用のｃａｒｄが作ってあって、プリントアウトした手紙は、きれいに折ってそのｃａｒｄにはさみ、封筒にいれる、そういうふうにしています。ありきたりのはがきにチョチョッと紋切り型の文章で書くのではなく、自分の言葉で、内容のある文章で書くことが肝心です。

持ち家か賃貸かを選ぶとしたら

もう一つ、経験から割り出した考え方として、「マンションは賃貸に限る」ということがあります。

なにしろ、マンションのような集合住宅は隣に誰が住んでるかわからない。隣人と騒音などで諍《いさか》いになって殺し合いにまで至ってしまった、というのもたまに聞く話です。

そのリスクは非常に怖いし、いつそんな目に遭わないとも保証の限りではありません。

それほどひどいことでなくても、たとえば、下の階の住人が喫煙者でベランダに出てタバコを吸っていて、この煙が自分の部屋までどんどん入ってきてしまって困っている、とします。その文句を言っても逆捩《さかねじ》を食らわされたりするかもしれないし、隣人が大音声で音楽を聴いているのが迷惑だとか、集合住宅の住宅間トラブルの素はいくらでも考えられる。

これがもし「持ち家」であったなら、そう簡単には引っ越せないし、じゃあといって、隣人に問題のある「故障物件」では売るにも売りにくい。すったもんだして、しまいに訴訟を起こすなんてことになれば、もうなにをかいわんやですね。

だからこそ、賃貸ならば簡単で、トラブルになったら引っ越せばよい。しかし、一旦買ってしまうとなかなか引っ越せない。これがマンションを買うことのリスクの一つです。

お金の面から言うと、マンションを買ってローンを支払うのと、賃貸のお金を払うのとはほとんど同じです。そして、この災害の多い時代に、たとえば地震によって、万一マンションが壊れてしまった場合、賃貸ならばさっさと出て行けばいいだけのこと。何の損害もありません。

でも、もし自分の持ち家だったら、「マンションを修補するので1人3000万ずつ出してくれ」とか言われかねません。支払えないとなると、しまいには訴訟になります。

自分の家は少しも壊れていないのに、どこかが壊れてしまったらもうこのマンションはだめだというようなことになる例もいくらでもある。そうすると、やはりトラブルを背負い込む元になりますから、マンションに住むなら賃貸にしておいたほうが安全ですね。

けれども、一戸建ては買ったほうがいいと思うのです。仮に火事で焼けたとしても土地は残っていますから、自分でまた建て直そうと思えばできますが、マンションではそうはいきません。だから、こうした災害の多い時代になると、「賃貸のマンション」に住むか、または「持ち家で一戸建て」にするかという選択になると私は思っています。

投資のためのマンション購入についてはどうかというと、経験上、これも私はお勧めしません。マンションやアパートの一棟売りなどで「1戸あたり家賃がひと月これだけ取れて現在満室状態、オーナーチェンジで売ります、利回り12％」などというたい文句の投資物件があるとします。利回りが年何％といっても、それは満室状態を前提とした表向きのことであって、実際自分が貸マンションのオーナーになってみると、そううまくはいかないものです。

現在満室であったとしても、いつまで満室が続くかは保証がない。こういうマンションの賃貸物件は、「The newer, the better」——新しいほど価値があるのです。築何年と年数が経つに従って、どんどん取れる家賃が下がっていくものなのです。

したがって、よほど高級な一等地の物件でもないかぎり、家賃はだんだんと下っていって、思うようには儲からないということを覚悟しておかないといけません。だいたい賃貸物件サイトなどを見てみれば、いかに膨大な戸数の空き室が出ているか、そうそう部屋の借り手などは簡単には見つからないと心得ておくのがよいと思います。

私自身、節税のためということで、マンションを所有する不動産投資もやってみましたが、簡単に買える物件というのは、えてして郊外のちょっと不便なところにあるマンションで、店子《たなこ》が出て行くと、すぐには後の入居者は決らないものです。そうなると、ただただローンを払い続けるだけで、家賃は入らず、「取らぬ狸の皮算用」で、いたずらに赤字が累積してゆくのでありました。なかには、家賃が払えないので、待ってくれといって何か月も滞納する店子がいたり、なかなか思うにまかせぬことばかり多いので、売ってしまうことにしました。ところが、最大の難点はすぐには売れないということです。お金が必要になったときに売れない。となると、売るためには投げ売りしなくてはならなくなる。こうなると、買ったときより売ったときのほうが安い値段ということになるので、多少の節税効果はあったものの、結局総合してみれば赤字であった、ということになりました。

　そうしたことを考えると、投資のためのマンションとして、持っていて比較的に安全なのは、都心一等地の高級マンションで、それだと資産価値が下ることはあまりないのですが、そもそも庶民には高くて手が出ないでしょう。いっぽう、郊外の物件だと、資産価値としては、まあ下る一方だと覚悟しなくてはなりません。つまりは、結局のところ何億も何十億も手許に豊富な資金のある人は儲かるけれど、小金を運用するようなことでは、結局なにも儲からない、これが冷厳なる現実でありました。

3章

何が一番の節約になるか

お金をおろすときは、やっぱり3万4千円

私は以前より銀行でお金を下ろす際には、3万4千円と額を決めています。

このことは2009年に上梓した『節約の王道』（日本経済新聞出版）でも、「現金をおろすときは『三万四千円』」という項目で説明しました。

15年経った今も、やはりお金をおろす時はこの金額です。

なぜ3万4千円なのか……つまり、お金というものは、大きな単位で持っていると、それを使い崩したくない、という心理がはたらいて、1万円札を崩したくないから、どこか金遣いに抑制が働くという機序があります。仮に3万円を下ろしたとします。すると、1万をまず崩して、それが千円札と小銭という形になってしまいますね。となると、千円札は気軽に使えるので、どんどん使って無くなっていく、というあんばいで、たちまちその1万円はなくなってしまう。つまり1万円札は、崩したとたんにお金としての存在感が心理的に軽くなってしまって、あっという間になくなってしまうものです。そうじゃありませんか。

しかるに、3万4千円を持っている場合、万札から使うという人はありますまい。ふつうは、まず4千円から使うのが自然な心理です。で、千円札や小銭がなくなると、あ～あ、いよいよ1万円を崩さないといけないと思い、心理的にストップがかかるわけです。

だから、「ではこの4千円の範囲でなんとかしよう」という、とてもケチくさい考えが起こるのです。これが無駄遣いを防ぐということにつながっていく。そうした意味では、端数をつけて3万4千円という額はなかなかよい線なのではないかと思っています。

そして、もうひとつ続けているのが、小銭貯金。私は小銭入れを持ち歩かず、おつりなどは常にポケットに入れて、家に戻ったらそれを小銭貯金にしています。小銭になった時点で、あとはもう使わずに、一定の枚数が貯まったら銀行へ持っていく。銀行口座に還流することになっているので、これもまた節約になるのです。

もっとも、最近は、銀行に小銭を一定の枚数以上持参すると、それを自分の口座に入れるだけなのに、別途手数料を取るという姑《こ》息千万《そくせんばん》なることをするようになったので、なかなか小銭をまとめて口座に戻すのも簡単ではなくなりました。こういう姑息なことまでして、預金者にとっての利便性を剥奪し、せこせことオノレの儲けばかり増やそうとする、この銀行の腹黒い根性が、私はますます気に入らないのであります。

お酒はとにかく時間を無駄にする

無駄といえば、私が最も痛切に感じるのはお酒を飲んでいる時間です。私がお酒を飲めない体質だったのは、本当に幸いでした。

ただ大学生になった当初は「飲めば強くなる」と言われ、先輩たちから、無理やり飲まされたことがありました。けれども、本来が純粋の下戸《げこ》である私は、飲めば必ず気持ちが悪くなり、翌日は死んだようになってしまう。その苦しみを何回か繰り返すと、パブロフの犬のようにビールの匂いを嗅ぐと条件反射で吐き気がする。すなわち、50年以上たった今でも、ビールの匂いをかぐと、ただちに嘔吐《おうと》の臭いを思い出して、いやーな気持ちになります。したがって、あんなものをグーッと飲んで、プハーッと旨そうな声を上げるという心境は、私は死ぬまで理解しません。

そういうことで、私は幸いに一切お酒を飲まずにきたので、ここまで集中的に仕事をしてこられたのだと思います。酔っ払ってしまったら、その時間仕事はできませんから。

それから、酔っ払うとつまらない、不埒《ふらち》なことが起こりがちでもあります。人間関係を損なったり、電車の中で寝てしまいスリに遭ったり。何か怪しい店へ行って、とんだ目に遭ったりということが、どうしても酒と付随して出てくる。いずれもこれらは、酒というものが、人間の健全な理性をマヒさせる毒性を持っていることの結果です。

それやこれやで、ともかく私は、酒を飲む時間は「人生の無駄づかい」だと割り切っています。私自身は大学生の頃にほんの少し飲まされただけで、あとはもうずっと飲んだことはないので、世の中の人が1日に何時間も、無駄に時間を酒に費やしているときに、せっせと書物を読み、考え、勉強をし、能を学び、ギターを弾き、絵を描き、声楽を学んできたというわけです。

ただ、個人の嗜好《しこう》として風呂上がりに冷たいビールを一杯飲みたいだとか、仕事を終えて冷酒や熱燗でリラックスするのは、かならずしも悪くないと思うのです。それはまあ、たとえて申せば、寝しなに養命酒を飲むのと似たようなことでしょうか。

しかし、若い人たちにいつも私が言うのは「酒を飲んでもよいが、酒を飲みには行くな」ということです。

飲み屋にみんなで集まって、あまり健康的ではないものを食べながらダラダラと何時間もしゃべっている。その時間は、まったく「人生の無駄」なので、そこは省きましょう、と言いたいのです。人生は無限に続くわけではなく、誰にも一定の時間しか与えられていない、しかも一生なんてのは、あたかも朝顔の露のように儚《はかな》く短いものなのだから、居酒屋での酒盛りなどに浪費するのは、ほんとうにもったいない。

健康でいるためにという意味でも、またぐだぐだと酔っぱらって時間を無駄にしないためにも、飲み会に出かけて四時間も五時間も使うのは人生の無駄遣いだと心得るべし、というのが私の揺るがぬ信念です。四時間、五時間の間にできることがいろいろあるではないか、と。酔っぱらった人は、朦朧《もうろう》たる意識のなかで、ほとんど意味のないことばかりをもう何時間も喋々《ちょうちょう》しているのですから……。

私も、若い頃には、そうした場に（素面《しらふ》のままで）付き合わされることが何度もありましたが、そんなときは、いつも「早く帰りたいなあ。こんなバカなことで自分の大切な時間を浪費させられるなんぞ、まったく冗談じゃないぞ」と常に思っていました。

思い出してみれば、浮世のしがらみで、無理やりに銀座のバーに付き合わされたことも一度か二度はありました。そんなとき、隣になにやら厚化粧の香水くさい女性が座ったりする。こちらはお茶だけで酒も飲まずにじっとしていると「まあ、こちらの先生は無口でいらっしゃるのね」などと言われたりもしました。冗談じゃありません。私は決して無口な人間ではありませんが、ただ見も知らぬホステスの無駄話などにつきあう義理もなく、興味もないので、しょうがないからなにもいわずに黙っているだけなのでした。

そうして何かみんながワーワーとしゃべっているのを聞いていると、意味のあることは一つもないのです。いったい何がおもしろくて、キャアキャアとやり合ってるんだろうか、まことにそれは理解のほかで、私にとっては、ただただそこに座らされて、拷問を受けているような時間なのでありました。「ああ、この時間を家にいれば本の一冊も読めたのに」とつくづく時間がもったいないと慨嘆しつつ我慢していたことを、いまもはっきりと思い出します。

するとまた、なかにはおせっかいな人もいて、「林君はどうも女性のいるバーが苦手そうだから、銀座にベテランのバーテンダーが一人でやっている静かなバーがあるから」と、これまた行きたくもないのに連れて行かれて。そこでもただむっつりと押し黙って、バーテンダーがボツボツ話すことを、「はあ、はあ、はあ」と聞きながら、1時間ほど我慢して過ごしたこともありました。でも、結局なんの話題もないし、ただ退屈しただけで空しく帰ってきました。そして、その後は幸いに二度と誘われませんでした。

飲み屋に行くのも、銀座のバーに行くのも、結局くだらない。そのすべての時間に意味がないと私は思っています。それゆえ、若いものが飲みになぞ行っていてはだめです。若い時期に仕込んだ勉強や努力が40歳、50歳になって実を結ぶのだから、その時代にどれだけ真剣に努力したか、真面目に時間を使ったかが問われる。ここが成功するか失敗するかの瀬戸際なのだから、ダラダラ飲んでいる場合ではないのです。

だから、「もしお酒を飲みたいなら、自宅で飲みなさい」と私は言いたいのです。自宅で飲む分には（酒乱みたいな場合を除けば）誰にも迷惑をかけないし、お金もあまりかからない。嫌ならすぐにやめて仕事するなり寝るなりできますから。外で飲んでいるから、帰るときにはタクシーに乗るだの、終点まで行って帰れなくなっただの、酔っぱらってひっくり返っただの、スリに財布をとられただの、酔余の喧嘩に巻き込まれただの、あれこれと馬鹿らしいことが起こってくるのです。

たとえば酒の肴《さかな》なんかでも、自宅なら自分で作ればいいわけです。そのほうが、飲み屋のものよりもはるかに健康的だし、だいいちお金がかかりません。私からみると、飲み屋で出されるものは、たいてい味が濃く、へんに油っこくて、食材の産地も分らないまま、体に悪いものを食べさせられるという思いがあります。したがって、万一飲み屋に連れて行かれたとしても、私はお酒はもちろん飲まないし、食べ物にも一切口をつけません。飲まず、喰わず、ただ黙って座っているだけ。

けれどお腹は減りますから、そうしたときには、たとえばチャーハンくらいしか食べたいものがなかったとして、それを注文したとしましょうか。その場合、そのチャーハンは私が注文したもので、むろん自分が食べるつもりです。ところが、飲み屋式ってのは、なんでもみんなでシェアして食べようという寸法らしいので、お皿がテーブルに来るとみんなが分けて取ろうとする。そのとき私は、「いや、これは私のだから」と言って一人で黙々と食べます。誰にも分けません。かにかくに、私は実に付き合いにくい人間なのです。

とはいえ、自分の人生は自分のものだから、人のために役立つことはしても、人のために無駄遣いはしたくない。やはり人生の時間を節約するのこそ、もっとも重要なことだと私は信じて疑いません。

タバコもまた人生の無駄遣い

そういうことは、タバコにも言えます。

タバコを吸っている時間というのは、まったく人生の無駄遣いです。

私は若い頃はヘビースモーカーで24歳までタバコを吸っていました。まことに恥ずかしながら、大学生の時分から吸っていたのですが、24歳の10月10日に、「タバコは、もうやめだ」と決めて、パッとやめてそれきりです。べつに辛《つら》くもなんともなく断煙できたというわけです。

タバコがなぜ時間の無駄かというと、ある種の麻薬のようなものだからです。タバコを吸うと少し頭が覚醒してパッと目が覚めたような、いいような「気がする」のです。

それでもまた1時間もすると、だんだんと禁断症状が出てまた吸いたいなと思う。これが、タバコという毒物の罠なのです。

　そうすると、勉強や仕事をしていても1時間もすれば一服やりたくなる。たとえば、図書館で勉強していて、その館内でタバコを吸うことはあり得ないので、仕事や勉強を中断して、吸える場所まで行き、一服して、また席に戻る。その間は、仕事も勉強もストップしているわけですから、行ったり来たり、いかにも能率が悪いではありませんか。

　実際、私は慶應義塾大学の大学院にいるとき、勉強をしながらタバコを吸っていました。図書館で勉強をしていてタバコが吸いたいなと思うと、むろん閲覧室での喫煙は禁止されているのでバルコニーなどに出なくてはいけない。いったん勉強を中断して行くのです。そのように、しばしば中断が起こるのは勉強の継続性を損なって、能率が下がる以外のなにものでもないと、私はある日はたと悟ったのでありました。

　かくて「タバコを吸っていても、良いことはなにもない。悪いことは山ほどある」と観念して、24歳の10月10日にパッとタバコをやめて、それっきりです。その朝は天気のよい日で、持っていたタバコも灰皿も全部捨てて、それからピタッと吸わなくなりましたが、正直いって、なんともなかった。それまでは1日に40、50本も吸っていたのですけれど。

この、自分の経験からすると、やめられないという人は、要するに「やめる気がない」のだと思います。それからは、私は大変な嫌煙家になって、もう今や禁煙運動の闘士です。

タバコを非とするのは、もちろん時間の無駄ということもあるし、健康を損なうということもある。火事の原因になったり、家もヤニくさく汚れます。家族なども、傍らで煙を吸い込む二次喫煙を余儀なくされるだけでなく、壁に染みついたニコチンで三次喫煙になってしまう恐れもある。タバコには、しかくさまざまなデメリット=害悪があっても、メリットはただの一つもないのです。

だから、やはり心ある人は吸わないし、今はだんだんと禁煙が普通になってきました。全席禁煙という店も増えたのは誠にめでたいことと思っています。むしろ飲食店などは全店全席禁煙と法制化してほしいくらいです。

いま、厚生労働省の国民健康・栄養調査の数値を見ると、令和元年の数値で、男は平均27・1％の喫煙率に対して、女のそれは7・6％だとあります。これ、平成元年では、それぞれ55・3％と9・4％でしたから、男の喫煙率は半減したのに、女のほうはほぼ横ばいだという結果です。つまり、今は男たちの喫煙率も顕著に下ってきたいっぽうで、とりわけ若い女性の喫煙はあまり下っていない、そういう統計が出ています。ただし、今どきは加熱式だとかいって一見タバコに見えない疑似タバコの使用率が上がっているかもしれないので、単純には比較できません。いずれにしても、タバコ（加熱式も含めて）を吸って良いことなど一つもありません。だから、欧米ではタバコの価格は非常に高く設定されていて、経済的節約という意識がタバコから人々を忌避させるという方向なのですが、日本は、なにしろ政府が裏で暗躍して国策タバコ会社に天下ったりしている結果、タバコの値段は先進国のなかでは明らかに安い。これを一箱2000円くらいにすれば、喫煙者はぐっと減ると思うのですが、政府が先立ちになってタバコ商売をしようというわけなのですから、あきれたものです。つまりは、世の中が堕落している証左ですね。しかしながら、遊び半分で、あるいは格好つけで、タバコを吸うなどという愚行はもう本当にやめたほうがいい。スモーカーズフェイス（タバコスキン）と言って、タバコの煙に含まれるニコチンやタール、あるいは一酸化炭素などの影響で、皮膚が黒ずみ、どんよりとハリが失われて、甚《はなは》だ老け顔になってしまうことはよく知られています。タバコで顔色を悪くするようなことをしておいて、そのいっぽうでゴテゴテと厚化粧でごまかす。こんなことは、まことに矛盾に満ちた愚行です。美容のためには、何よりも皮膚を健康に保つことが大切。お化粧よりも、まずは禁酒禁煙です。

自分が吸わないということだけではなく、家族がすぐ傍で吸っていたら受動喫煙になってしまいますから同じことです。だから、もし夫が喫煙者であったら、妻はなんとしてもその悪習を夫にやめさせる、というのが賢妻の務めにほかなりません。かにかくに、会社の中でも自宅でも、徹底してタバコを排除していくことが必要なのだと思います。

ブランドものは一切買いません

無駄をしないという意味では、身につけるものも同じです。たとえば、私は洋服でいえば、かの〈ファッションセンターしまむら〉の愛用者です。

ユニクロは、どの店舗に行ってもいつも同じものがあります。新しいものが出て売り切れると、次のまた新しいデザインが販売される。世界中同じです。ところが、〈しまむら〉はワンロット仕入れて売り切ったらおしまい。だから次に店に行っても、もう同じものはない。だから「今度はどんなものがあるかな」と、探索しに行くのが面白いのです。

元々は買ったことがなかった〈しまむら〉に出会ったのは偶然でした。以前に仕事で東北に行くことがあり、車を運転していたところ思いがけず寒くなってしまい、たまたま街道沿いで見つけた店舗で厚手のダンガリーシャツを買ったのです。ユニクロだとすぐにそれとわかるけれど、〈しまむら〉は別に言わなければわからない。いろいろなブランドが混ざっているけれど、ブランドは種々雑多、たいていは東南アジアあたりからの輸入ものです。が、それが発掘する楽しみになっていてまた安いのです。

そして、時計なども、私は1900円くらいのものしか買いません。今実際に使っている時計もその価格でソーラータイプ、光発電をするので電池交換せずに何年も持つ。ロレックスなどはかなり重さがありますが、こちらはごく軽いのも良い。プラスチックや金属のバンドはかぶれてしまうので、私は革バンドのに限っています。そのバンドもドン・キホーテなどで、ごく安価なものを探して、傷んできたら自分でバンドのみ付け替えて、何年も使っています。

やたら時計道楽をしたり、スポーツカーに凝ったり、ステレオに無法なまでのお金をかけたり、そういう男がしがちの「道楽」ってものは、ありていに言ってお金の無駄です。背伸びして高いものを買おうとして、月賦で購入するなどは、高利貸しに借りて払っているようなものだから、重ね重ねにお金の無駄です。

つまり、自分にとって何が一番大事なのかをいつも考えて、大事ではないことにはお金を使わないということが要諦《ようてい》です。

すると結局、一番つまらないのが「見栄を張る」ことです。人に自慢をしよう、誰かにマウントを取ろうといった気持ち、「あいつよりいいモノを持っている」などと、自他を比較するのは大変にいじましい精神で、節約には大毒であります。

ただ日常使う道具には、ともかく使いやすいもの、機能的に優れているもの、というところに十分意を用いますが、値段もブランドも、それには関係ありません。たとえば、筆記具。私は常にパイロットの〈Vコーン〉という水性ボールペンを使っています。手紙に、ノートに、メモに、作図に、絵描きに、なんでもこれひとつ、それも赤青黒各色何十本も買ってあって、それを順々に使ってもう40年経ちます。一本80円ほどの水性タイプで、書き味が滑らかなうえに、水性だから油性インクのボタ落ちもしないので、もう筆記用具はこれがあれば充分。私はこのペンに決めるまでに、いろいろと書き比べてみたのですが、コストパフォーマンスも含めてこれが圧倒的チョイスとなりました。趣味のペン画を描くのもこれです。あとは毛筆の〈ぺんてる筆《ふで》携帯用＝万年筆型のもの〉を常に携行していて、サインしたり和本に何か書いたりするときに使っています。そうして、ふつうの文房具屋には、このVコーンは置いていないところも多いので、私はアマゾンでまとめて箱買いしています。赤、黒、青の三色を、つねに箱いりで用意しておいて、どんどん使い倒しています。じつに使いやすく、字がキレイにかけて、しかもともかく安価です。

デパートは利用しません

ブランドという意味では、私はデパートというビジネスモデルはすでに破綻《はたん》していると思っています。なにしろ、地方のデパートはバタバタと潰れています。なぜかというと、ショッピングモールのようなものができると、デパートは、ビジネスモデルとして、もう太刀打ちできないからです。モールの中には、たとえばユニクロをはじめ、あれやこれやの専門店・食堂・レストラン・アミューズメントなどがあり、日本全国どこへいっても同じレベルのものが揃っている。けれど、それをデパートに求めるのは無理があります。

三越なども伊勢丹と合併してしまいましたが、それはデパートの20世紀的なビジネスモデルがすでに破綻しているからでしょう。昔はそれこそ「○○のデパート」なんて表現があったほどデパートに行けば、何でも揃っていた。地下には生鮮食品や弁当・惣菜、1階には化粧やレザー製品など、2階に行くとファッション関連等々と階ごとに専門分野が展開していて、その多くは、デパートのバイヤーが独自に買い付けてきた、あるいは開発から関わってきたデパート独自のブランドで構成されていたように思います。そして、さらに9階には食堂、屋上には小さな遊園地があったりなどして。デパートという一つの完結したワンダーランドがあったけれど、今はもう違います。

仮に伊勢丹でも三越でもどこでもいいので、足を運んでみると、いまはもう昔のようにデパートの独自ブランドなどはあまり見当たらず、ただ世界の有名ブランドのショップが、冷厳に並んでいるばかり。客なんかほとんど入っていない状態で、売り子嬢たちが手持ちぶさたに客を待っている、そんな様相で、私は「ああ、こりゃもうだめだな」と思わずにはいられませんでした。ユニクロのようなグローバルなブランドショップは、独自の店をあちらこちらに展開しているし、結局デパートは大型家電量販店などと連合したりして露命を繋いでいるというところでしょうか。地方都市には、昔はその町独特のローカルなデパートがあったものでしたが、それも、ほとんど今はなくなってしまいました。

つまるところ、デパートのように「一つの建物の中に何でもありますよ」というビジネスモデルがもう破綻している。

いっぽう、高級デパートに入っているヨーロッパの一流ブランドのどの店舗にも人はろくに入っていない。そのブランドの商品が買いたいのなら、何もデパートでなく本拠であるブランドショップへ行けばいい。となると、かれこれデパートは立つ瀬がないわけです。それにブランド物は高くて買えません。

デパ地下がいいと言っても、「このサラダを100gください」「こちらの唐揚げを100gで」と買っているとたちどころに5000円くらいになります。それでもよいという裕福なる人はかまわないかもしれませんが、つきつめると、デパ地下での食品買い、それはお金の無駄遣いではないかと私は指摘したいのです。たとえば、銀座あたりのデパートの食品売り場には、100g3000円もするような高級牛肉を売っていたりしますが、それを買うのはごく一握りの人。我々庶民は「きっとこれを煮て食べたらうまいだろうな」と想像して心の中で垂涎《すいぜん》の思いを味わうだけです。堅実なる生活者を以て任じている私は、そうした高級食品を買うことはしません。それよりも料理の腕前のほうが大切な要素です。そもそも大霜降りの和牛肉やら、大トロの鮪なんか、私はちょっとも食べたいと思いません。ああ、あんなに脂肪が差し入っていてはなあ……と、途方に暮れるような思いで見ているばかり。

さらにまた、郊外の自宅から銀座のデパートまで行くにはずいぶんな電車賃もかかります。車で行けばガソリン代も駐車代もかかる。「駐車代は買い物をすれば2時間までタダになります」と言うけれど、「5000円買えば無料」というような仕掛けですから、どっちみち何千円ものお金を浪費することになるわけですね。

私はそんな思いをして、銀座のデパートで高級な食材を買おうとは金輪際《こんりんざい》思いません。ほどほどのお肉を、近所の店で買って、せいぜい丁寧に美味しく調理して食べることのほうが、ずっと「よい生活」だと思っているからです。

そもそも私は「5000円買ったら駐車代は無料」というような場所には車は停めません。仮に有料駐車場なら、最初から駐車代と割り切ってお金を払って停めています。そうすれば無駄遣いをしないからです。それを、デパートの駐車場などに停めて、なにか買い物をしたとしても、それが仮に2000円のものだったとしたら、「ああまだ2000円だ、あと3000円買わないとダメか」となって、駐車代をケチるために余計な買い物をしてしまう。これは本末転倒というもの、私のような「歩く合理主義」と言われている人間は、そうしたことはしないのです。

また、ちょっと余談になりますが、東京の郊外には今、JAショップがあるので、私は日々の歩行運動のついでに立ちよって、折々そこで買い物をしています。そこへ行くと、あまり普通のスーパーには出ていないような珍しい品種の野菜や、地元の会社が製造している餅菓子みたいなものが置かれていたりもします。そういうのをちょっと買ってくるのは日常の楽しみです。

サブスクとどう付き合うのか

私ができるだけ利用をしたくないものの一つが、サブスクです。定期契約はいちいちお金を出し入れしなくてよいのが便利なのですけれど、問題はなかなかやめられないということです。入るときは簡単でも、退会するのがものすごく面倒にできている。そのために、もう全然使っていないし、必要ないのに、やめ方が解らず、大した金額ではないからというので、放置してあるものもあります。しかし、小額とはいえ、そんなのは理不尽にして不必要な出費なのでやめたいのですが、ほんとに面倒な手続きが必要で諦めてしまうというようなことが、遺憾《いかん》ながらあります。

こういう「入りやすく、出にくい」というのは、やはり狡猾《こうかつ》なる戦略なのでしょう。入りやすく出にくくしておけば、全然使ってない人、あるいは全然そのことを忘れてしまっている人たちからも自動的に会費が取れるわけですから。

たとえば、マイクロソフト社のＯｆｆｉｃｅ。ワードやエクセル、パワーポイントといったビジネスアプリケーションソフトも、今では単品では買えず、全部サブスク式になっている。でも、必ずしも最新のＯｆｆｉｃｅを使いたいわけではないのだから、本来は新しくしたくなったら買い換えればいいはず。サブスクで毎月何千円ずつ落ちていくことを考えると、マイクロソフトにけっこうな額を吸い上げられているのが、まことに不愉快ですが、それしか方法がないというのが、なんとしても狡猾なるやりくちです。

しかもサブスクはやめる方法がやたら分かりにくいというのが、実際に存在しています（なかには簡単にスッとやめられるのもあるのかもしれませんが……）。自分で体験してみるとわかるけれど、やめ方がろくに書かれていない。その手順を探し出すだけでも大変なので、結局のところ面倒くさくなって「まあいいや、ひと月１０００円くらいなら」と思ってしまう。これが積もりに積もると馬鹿にならない額になっていくのです。

だから、サブスクのように常にお金が自動的に引き落とされるスタイルではなく、必要なときに自分で意識してお金を支払って手にいれるという、通常の売買形式のほうが、結局は節約になるのだと思います。

ちなみに私は、通常物を書くときにはEgword Universal（イージーワード・ユニバーサル）という、マッキントッシュのために開発されたワードプロセッサを使っています。能力から言うと、たとえばマイクロソフトのアプリであるＭＳＷｏｒｄが10だとすると、Egword Universalは少なくとも１００くらいと、使いやすさも文書の美しさもまったく別世界です。特に日本語の縦書きともなると、その差は天地雲泥、一切の論なく、ＭＳＷｏｒｄなんぞは使う気になれません。

英語であればアルファベットだけで済むけれど、日本語は縦書きや横書きにしたり、平仮名、カタカナ、アルファベットとさまざまな表記がある。ＭＳＷｏｒｄで文章に振り仮名をふると行間がめちゃくちゃになってしまうので、いちいち行間の設定をしなくてはいけない。また改行すると、勝手に一字下げになったりして、やたらと面倒くさいし、でき上がった文章の見栄えもまるで悪い。Egword Universalは一切そういうことはなくて、こちらの思った通り、美しく、かつ簡単に入力できる。これはサブスクではなく、買い切りです。時折バージョンアップの案内がきますが、それは実際にしたいならお金を払う、というシステムで、そのほうが良心的です。

あれもサブスク、これもサブスクとやっていると、思いもかけないことでお金がどんどん手許から流れ出ているのを意識しないままになる。お金を使うことは「意識して」使わないといけません。「これを買いますよ」という意識でもってお金を支払う。人間は不思議なもので、金を払う行為によって「あ、お金使ったな」という思いになり、「できるだけ使わないようにしよう」という節約マインドも出てくるのです。

けれど、全く目に触れないところで毎月1000円ずつ落ちていくというようなシステムだと、使っている実感なく、いつの間にか使ってしまっていることになる。それが1年積もれば1万2000円、10年すると12万円です。これを全く意識しないままにお金が流出していることこそ、節約というマインドから最も外れたことになるのです。

逆から言えば、それがサブスク側の狙い。節約されては困るわけですから。じゃぶじゃぶお金を使わせるにはこうしたほうがいいという。

それでも、私がやっていてよかったと思っているサブスクがあります。ジャパンナレッジという、研究ツールです。20巻の『日本国語大辞典』をはじめとする、各分野の定評ある辞典事典類が入ったインターネット辞典群ソフトで、一流の辞書をコンピュータ上で全部使えてしまう。紙の辞書を引っ張り出してページを捲《めく》ることなく、必要な言葉をパッとキーワード入力するとすぐに調べることができます。年会費を払うシステムですが、時間と手間を節約するという意味では、このジャパンナレッジほど優れたサブスクはありません。

しかも英米独仏露中韓羅など多くの言語に対応しているので、海外から来た手紙や文章を読む際にもこれに搭載されている各国語辞典を引いて、さっさと仕事がすすみます。これらの、いちいち個別に辞書を引いていたら1時間かかるところが、ジャパンナレッジを使うと5分で済む。この利便性はやはりお金には代えられません。辞書事典類だけでなく、たとえば日本最大の類書《るいしょ》『古事類苑《こじるいえん》』なども、全ページの画像を引くことができ、それらはPDFでプリントも可能です。さらには、小学館の『日本古典文学全集』も、すべてのページを画像として検索閲読《えつどく》できます。これはほんとうに便利だし、仮にそれらの文献を一々買って揃えたら膨大な金額になり、あるいは図書館に行って調べていた日には、いくら時間があっても足りない、そこをこのジャパンナレッジは、コンピュータ上ですべて、たちどころに検索できてしまうので、百万の味方を得た思いがします。そういうふうに、お金に代えられないだけのメリットがある場合は、サブスクも大いに結構だと思います。

ただ、私はこれも年ごとの契約で更新しています。自動更新というのはやりたくない。「自動更新にすると会費が安くなります」と勧められますが、毎年カードで支払いをしています。仮に私が仕事を辞めるとか、病気や死亡によって、もう使う必要がなくなったときに、自動更新でなければ、放置しておけば引き落としはされなくなりますから、自動的に止められる、そこが大切なポイントであろうと思っているわけです。

時間の節約ということでいうと、コマーシャルを視聴することも無駄のひとつ。だから、私は、テレビはほとんどNHKしか見ません。民放も見ないことはないけれど、やはりコマーシャルを見せられている間の時間が無駄だと思ってしまう。NHKは、見ようと見まいと、強制的に受信料を取られますが、これこそサブスクの元祖、最強の徹底サブスクといえるシステムです。

いっぽう、ネットで何かを見ようとすると、すぐに鬱陶《うっとう》しいコマーシャルが出てきて画面を占領するやら、あるいは何十秒か広告を見ないと先へ進めないとかいう形になっている。本当に時間がもったいないので、私はたとえばAmazonプライムの追加料金を払って、原則としてコマーシャルを見ないで済む設定にしています。これはいわば「時間の節約」ということですね。時は金なり、コマーシャルなどを見ないことで大切な時間を無駄にしない、これも立派な節約です。

こうして、膨大な時間が取り戻せるから、プライムにしたところで支払う料金は大したお金ではないのです。人は時間で仕事をしているわけだから、時間を無駄にすることはもっとも忌むべきこと、だからそれなら、「時間はお金に代えられないから、お金で買いましょう」という考えです。そこはもうドライに。

YouTubeとはどう付き合うのか

時間のあるときにはよくYouTubeも視聴しますが、そこでもプライム料金を払っています。追加料金を払えばコマーシャルなしで無尽蔵に動画が視聴できる。ビング・クロスビーやミルス・ブラザース、ピーター・ポール&マリーだとか、昔の名人たちの歌も自由自在に楽しめるので、もう1日聴いていても飽きません。なにしろ、テレビなどは、音楽といっても、どこの誰とも分らないような、ただ若くてスタイルのよい子たちが、衆を頼んで歌ったり踊ったり、誰が誰とも見分けもつかず、第一歌っている歌が、もうどれを聞いても千篇一律、なにかブツブツ呟いているようなテキストを、まるで同じような微温湯《ぬるまゆ》的メロディで、ヘタクソに歌っているのばかり。もう私どものような昭和の人間には、見聞きする価値も興味もありません。だから、今はテレビが1としたら、YouTubeが10くらいの割合で見ています。テレビはつけていてもせいぜいニュースと、いくつかのドキュメンタリーや討論番組くらいで、民放のバラエティ番組などは、観るに値しません。

YouTubeでは、たとえばベンジャミン・ブリテンのピアノでテノール歌手のピーター・ピアーズが歌っている60年代の古い音楽や、ペリー・コモやら、ビング・クロスビー、ナット・キング・コールなどなど、アメリカンポップスも聴きます。あとは、日本のド演歌、村田《むらた》英雄《ひでお》、三波春夫《みなみはるお》、三橋美智也《みはしみちや》、田端義夫《たばたよしお》、など、ほんとに昔の歌手たちは、ちゃーんとした「歌い手」でした。その人ならではという「味わい」があった。そんなわけで、たとえば村田英雄の演歌なぞ、折々に視聴しては楽しんでいますが、ほんとに味わい深いものがあります。

私は長く日本文学研究に携わってきたので、歌謡曲や流行歌も、そういう日本文学の伝統を引いているものと感じます。日本文学は伝統的に恋の文学であったと言って過言ではありませんが、その伝統をただしく受け継いできたのが、演歌の世界です。義理人情や恋の情け、昔の歌謡曲は作詩も力量ある詩人・作詞家が書いていたし、作曲も音楽教育をきちんと受けたプロの作曲家が書いていたものです。そうやって、丁寧に作られた歌謡曲を、これまたきちんと鍛練した歌い手たちが、大変味わい深く個性的に歌っていた。ポップスであっても、山口百恵《やまぐちももえ》や松田聖子《まつだせいこ》、あの時代くらいまではそういう伝統の中にありました。たとえば、阿久悠《あくゆう》やなかにし礼《れい》といった人たちの作詞、筒美京平《つつみきょうへい》や都倉俊一《とくらしゅんいち》、あるいは服部良一《はっとりりょういち》やら古関裕而《こせきゆうじ》のような作曲のプロが作った歌どもは、やはり伝統を踏まえていて文学的にも音楽的にもよくできているなあと感じるわけです。

それもテレビでは、今やほとんど見られない。しかし、ＹｏｕＴｕｂｅは、いいところ取りです。音楽ばかりでなくて、たとえばまた、古今亭志《ここんていし》ん生《しょう》の何十年も前の一番いい頃の噺なんかも聞けるし、今は亡き名人たちの噺を、好き放題に見聞できるのも、すなわちＹｏｕＴｕｂｅの徳であります。時間も、空間的な距離も、全部ＹｏｕＴｕｂｅがゼロにしてくれる。これは大変大きなことです。

そして、何度でも繰り返し見られるので、英語の歌なんかでも「ここをどういうふうに歌っているのか」を確かめながら聴くこともできます。今、評判の高いアメリカのファミリーバンド、ザ・ピーターセンズのＹｏｕＴｕｂｅアカウントには英語の歌詞が字幕で出たりもしています。すると、歌の内容が全て把握できる。これは大きなメリットです。英語の歌のコンサートに行っても通常は字幕が出ませんから、手元のプログラムにある歌詞カードを見ながら聴くとなると興趣も半減してしまうところですが、ＹｏｕＴｕｂｅのピーターセンズの演奏動画であれば、画像は鮮明、音色は美しく、しかも自動字幕表示あり、こんなにありがたいことはありません。

そうした意味でも、ＹｏｕＴｕｂｅの上質なサイトは大変な宝で、これに幾らかのお金を追加で払ってプライムにするなんてことは、代わりに得られることの莫大さを考えればまったく無駄遣いではありません。

私がＹｏｕＴｕｂｅを通して最近知ったのは、武岡徹さんというテノール歌手の方です。偶然に私があれこれ音楽のサイトを見ているうちに行き当たり、〈故郷の廃家〉を歌っているＹｏｕＴｕｂｅ動画を見て「まあなんていい声なんだろう」と腰を抜かしそうになりました。武岡さんは、もう齢《よわい》九十になろうかというご高齢なのですが、それでもきちんとした発声の歌声には衰えがなく、なんといってもその深く長い人生経験が演奏にじっくりと反映しているので、味わいが深いのです。きのうきょう駆け出しの歌い手では、とうてい太刀打ちできない風韻を感じる、そういう演奏に巡り合えたのも、ＹｏｕＴｕｂｅのおかげです。それで、武岡さんの動画を片っ端から聴いて、私はファンレターを書きました。お返事をいただいたので、私の作詩した歌曲集の楽譜なども進呈したり、そうした今まで知らなかった素晴らしい音楽家との交流ができるようになったり……。ＹｏｕＴｕｂｅがなかったら知らないままに終わってしまったと思います。

テレビではあまり見られないクラシックもＹｏｕＴｕｂｅで視聴します。私が今注目しているのは、ＨＩＭＡＲＩさんという年若い天才ヴァイオリニストです。モーツァルトの再来かと思うほどの天才です。慶應の幼稚舎にいながらアメリカのカーティス音楽院に入学を許されて、その天才ぶりに皆が驚いたという。そのＨＩＭＡＲＩさんのヴァイオリンを聴いていると、もう本当につくづくと感銘を受けるのです。

もちろん、音楽を直に聴くという楽しさはあります。けれど、オペラや能楽だって実際に行くとなるとチケットを取るのに万単位のお金がかかる。舞台に行くまでの交通費も時間もかかって、1日それで費やすことになる。

それを考えると、YouTubeでこれはという音源を視聴するほうが、音もクリアに録れているし映像も近くで見ることができる。私は、ほとんど今は会場に行かずに、もっぱらYouTubeで視聴するようになりました。まったくありがたいことです。


私は自身が料理をしますから、毎日の料理にもYouTubeを役立てています。今日はこうした魚を捌いてみようかというときにもYouTubeで検索して、名人のやり方を見て確認することもできる。そうしたためになる動画もたくさんあるのです。

車とはどう付き合うのか

私の生活に欠かせないものといえば、車もそのひとつ。ほとんど電車には乗ることがありません。何より「運転すること」が好きなので、車を買うのは別に無駄遣いでも何でもないのです。

ただ、その場合には限度額を決めておくことが大事です。私は車に投資する金額は300万円を限度としています。その300万円の枠の中で選ぶ。そうすると、国産車であれば新車が買えるけれど、ベンツを買うとなると中古車しか買えない。

そうしたことで、私が最初に買った中古のベンツは274万円でした。1年落ちくらいで8000キロくらいしか走ってないベンツのCクラス。安くても別に事故車でも何でもなくいい車で、それでベンツというものはいいなあと感じたのです。それまでずっとユーノスロードスターなどの国産車に乗っていましたが、ベンツに乗り換えて「あ、これはもう違う世界だな」ということに気がついた。それで、ヤナセのサイトなどでベンツの中古車を見ていると、大阪でこういうのが出た、なんていうのがずいぶん安かったりする。それで、近所の営業所に出かけて行って「これを買いたい」と伝えるときちんと取り寄せてくれるのです。

そのようにして、掘り出しものを探し出したこともあります。ベンツの中でもC24

0という高いクラスの、新車で買えば500万以上の車が298万くらいで販売されていたのです。「どうしてこんなに安いの？」と聞くと、ボンネット先の三光星の立体エンブレムがなく、メダルが付いているタイプだった。そのためではないかという話でしたが、それはすごくいい車で乗っても乗っても乗り飽きませんでした。

結局、ベンツは300万円をリミットとして4台乗り継ぎましたが、どれもみんな当たりでした。1台についてそれぞれ10万キロくらいは乗ってるので、合わせて40万キロは乗ったのではないでしょうか。それはもうすべてパーフェクトな投資だったと思います。中古車なんかもしっかりと吟味してうまく買えば、新車を買うより、とてもお得です。

いずれ、新車で車を購入するとどうしたって300万円くらいにはなってしまう。そんなときに一括では払えないからとローンで買うことになると、実質的には400万円ほども支払わなくてはならなくなる。その利子の分は全くの損です。一括で買うための手許金がない場合は、同じ車種の中古にしておくのがお得なる方便です。「新車が欲しいけどそれだけのお金がない」という場合、ローンで買うのではなく同じ車種を中古車で探すと、300万円払わなければならないところを200万円で買うことができる。それを貯金しておいたキャッシュで払えば、まったく損をすることがない。ローンにしたら400万円。新車と中古車では200万円違ってくる。どんなにちまちまと節約したとしても、その額はなかなか貯まりません。

一時が万事その調子で、たとえば電化製品などでも、今は程度のいい中古の電化製品を売っている店がある。オフィスの机だとか椅子だとかも、大きい街道沿いには中古オフィス家具屋さんが必ずあります。そういう所へ行くと、だいたい10年前から使ってた椅子などは10分の1くらいの値段で売ってます。私は長らくそういうものをずいぶん使ってきましたが、それで少しも困らない。

だから、自動車や家具などは、見栄を張って高価な新品を無理して買うのは愚かです。それよりも、中古品を買って、それで長らく使うほうがいい。耐久消費財に関してはそんなふうにして、できるだけお金を使わない。で、しかも借金の利子というような無駄な金をいっさい払わないようにするっていうのが私のやり方です。

自然の調整機能に任せる

結局のところ何が節約になるのか？　を考えると「余計なことをしない」ということもまた大切なのだと思います。

今、外国の文化の影響か、たとえば整形手術をしたりタトゥーを入れたり、そうしたことにお金を使う若い人が非常に増えました。けれど、整形手術などはもってのほか、手術をして表面上は満足できる顔になったとしても、年を取ってきたらその末路は目も当てられない有様になります。

そもそも、「四十になったら自分の顔に責任を持て」という箴言《しんげん》の教えるごとく、人間の顔というのは、その人の歴史なのです。たとえば、一生懸命努力して医者になり、世のため人のために尽くした人の顔を見ると、若いときは大したことのない風貌だったのが風格のあるいい顔になっているなんてことがいくらもある、男女共に、です。

けれど、ただ外面を繕《つくろ》おうと整形手術をしたり厚化粧をしたり、いくらそのようなことをしても、やがて加齢に伴っての風貌の衰えは、どうしたって止めることはできません。
プチ整形などと言って、韓国あたりで目を二重にしてくるとか鼻柱を入れてくるとか、そうしたことは、一切すべきでないと切に思います。整形外科というのは、たとえば事故で傷ついてしまった指を修復する、折れてしまった鼻を元の通りに戻す、それが使命のはずです。親から継いだ風貌をスターの誰々に似せて、いわゆる偽の自分の顔を作ろうというようなことにお金を使う、それはまことに良からぬ考え方であり、人生における大きな無駄遣いにほかなりません。だから是非おやめなさい、と強く言いたい。

そういう、謂うところの「整形手術」で、一番泡銭《あぶくぜに》を儲けてるのは誰ですか。それは、美容整形外科の医者でしょう。本当に美容整形外科の医者はべらぼうに儲けています。基本的に保険がきかないから、自費診療で取りたい放題取っている。そうしたことはおかしい、と思わざるを得ません。仮に手術で鼻柱を高くしたところで、果たしてその人の人生に何の得があるのでしょうか。見たところ、「ああ、この人は元々低い鼻を、鼻柱を入れて高くしたな」「一重瞼に切れ目を入れて二重まがいの格好に作ったな」等々と思うだけです。それは見ればすぐにわかりますから。

まして、さらに厚化粧でごまかすとなれば、それはもう仮面を付けているようなもの。私はやはり素顔を磨くということが一番大事だと考えています。

若いときは芋っぽかったけど年齢を経ると共に風貌が立派になってきて、その人の顔を見ると尊敬の気持ちが湧いてくる。そういう人こそが本当に見習うべきモデルです。

「いや、男の人はそれでもいいでしょう」と女性は言うかもしれません。が、それは大間違いです。男も女も共同参画の時代に「女は顔形で決まる」などという馬鹿な話はないわけです。そういうのはルッキズムと言って、心ある人からは批判されているのですが、肝心の若い女性（あるいは最近では男性も）が、自身ルッキズムにとりつかれているようでは、何をかいわんやというものです。このごろは「男も顔形だ」とか言って、男性も美容整形外科に行ったり化粧したりするのは、もう本末転倒の方向にどんどん行っているとしか感じられません。

「女も男も化粧なんかやめて素顔を磨くべし」というのが、私の一貫して変らない主張です。いわゆるベタベタに塗っている厚化粧の人というのは、これはもう一種の仮面です。そして、それにはまた、ものすごくお金がかかる。

そもそも化粧品は高いもの。ひと瓶で5000円などという美容液も、ちょいちょいと塗ってもうおしまい。テレビをつければ「今ひと瓶5980円の美容液が30分以内にお申し込みになるともうひとつ無料です」などと通販番組が怒鳴っている。バナナの叩き売りと一緒です。顔にいろいろとべたべた塗っていいことがあるかというと、実は何もありはしません。

私はもちろん全く化粧をしていませんが、シミなんか全然ありません。私の妻も結婚以来、もう完全にすっぴんで1年中過ごしているけれど、シワもシミも少なく、健康的な皮膚をしています。

人間は自然であるのが一番です。汚れたりしないよう清潔にはする、また無用の日焼けなどしないように留意をする、そういう努力は大切ですが、それをさえ徹底していけば、結局は素顔がいちばん美しい。いろんなものを「付け加える」のじゃなくて、できるだけ「取り去っていって自然な姿に保っておく」のがよいと思います。

私は元々若い頃にはすごいフケ症でした。黒いブレザーを着ているとフケが落ちたりして嫌だった記憶があります。そして30歳前くらいにひどいアトピーで顔がボロボロになりました。結局、ステロイド剤で症状を一応収めたのですが、そのときに普通の石鹼で顔を洗うと非常に皮膚が傷むということがわかりました。翌日には皮がつっぱったようになって、かゆみが出る。これはどうしたものか、と。

そんなとき、皮膚科のお医者さんに勧められたのが〈ミノン石鹼〉です。「これをお使いになるといいですよ」と言われ、それで洗うと後で何の手当もしなくても皮膚のつっぱったような感じがなく、非常にいい具合なのです。

頭を洗う際にはそれまでフケ取りシャンプーを使っていましたが、全然効かない。あるとき思い立って、頭も顔も体も全部〈ミノン石鹼〉だけで洗うことにしてみたのです。日ごろの洗面所やなんかで使うのは泡タイプで、頭や顔を洗うのはミノンの固形石鹼。そうすると、顔の皮膚も傷まないし、頭にかゆみもフケも出ない。非常にいい具合で、それからもう45年も使い続けています。ただし、いっさいの例外なく、毎日入浴して、毎日頭も洗います、むろんミノンで。

それぞれ人により、合う合わないもあるのかもしれませんが、洗顔後にはローションやら何やら、フケにはフケ取り薬入りシャンプーなどと付け加えていくのではなく、できるだけ人間が持つ自然の生体の調節機能に任せるのがよいと思います。つまり穏やかにいつも清潔にして、必要以上に皮脂を除去したり、香料を追加したりしないようにするのです。

今はお風呂に入っても、頭と顔などは〈ミノン石鹸〉で洗いますが、背中やお腹は全く洗いません。ただお風呂に浸かってるだけ。人間の皮膚は、古くなった所から自然に落ちてくるので、お湯に浸かってから拭くだけで新陳代謝によって、更新されていきます。ゴシゴシこすると、かえって皮膚が傷む。それで、アトピーになったりおできができたりするので、あえて洗わないのです。

中には非常に体臭の強い人もいるから簡単には言えないけど、そうしたことでなければ「躍起になって高級シャンプーだの、ボディシャンプーだのを、あれこれ買うことはありませんよ」「ミノン石鹸1つあれば十分ですよ」と、私はいつも言っています。

もう一つ、私が長く使い続けているものに、〈ブリルクリーム〉という〈アクリームがあります。これはイギリスで100年以上前に開発されたヘアクリームで、今もオリジナルの組成で作ってるという、イギリスらしい商品。また、実に刺激のないもので、ほとんど匂いもしないし、スースーしたりかゆみ止めの作用があったりだとか、そうしたことも一切ない。ただ髪の毛を柔らかく思う通りにまとめてくれるので、これももう40年も使っていて、今ではこれなしでは到底暮せません。

この商品との出合いは、以前イギリスにいた頃。ヘアクリームをいくつか買って試してみた中で、スーパーで売ってる一番安いものが〈ブリルクリーム〉でした。当時は日本円で500円とかそのくらいで、だいたい2か月くらい使える量です。その後、たまたまイギリスの貴顕紳士の方々と話をしているときに「ヘアクリームは何をお使いになりますか」と聞いたら、「もちろんブリルクリームです」と言っておられました。いわば、イギリス人にとっての、国民的標準のヘアクリームです。

しかも、それが一番安いというのがいいところで、これだとフケも出ないし、かゆみも出ない。ただし、必ず毎日洗髪するということが大事です。

清潔を第一に保つのは、もちろん何より心がけたいこと。そうすれば、男性も臭いを消すために香水などつける必要はありません。一番いいのは臭わないこと、すなわち完全無臭です。中にはプンプンと香水をつけてくる人がいますけれど、非常に傍迷惑《はためいわく》だと思います。私のように化学物質過敏症だったりすると、香水をふんだんにつけた人が横に来るだけでもう鼻がグズグズしてきて往生します。つけている本人は、鼻が鈍麻しているからわからない。最初はほんの少々つけて香りを感じるけれど、だんだんと嗅覚が慣れてしまうため、香水を常日ごろつけてる人は、どんどん、どんどん、香水臭くなってしまうのです。

ところが、香水などというものはたいそう高いものではないですか。そうしたものをやめれば、どれだけ食料品が買えるかということ。私は香水などは一切使わないけれども、それだけでもう大いなる節約になっています。

情報を持っていることが節約になる

こうした〈ミノン石鹸〉も〈ブリルクリーム〉も、私はＡｍａｚｏｎで買っています。〈ミノン石鹸〉は薬局でも購入できますが、〈ブリルクリーム〉はもっぱらＡｍａｚｏｎのイギリスのサイトで。Ａｍａｚｏｎの日本のサイトでは一個７０００円で出ているのが、これをイギリスのサイトで買うと、貨幣の交換や送料までも含めても一個１０００

円くらい。つまり、この〈ブリルクリーム〉はイギリスで最も大衆的なヘアクリームなのです。

けれども、なんでもブランド信仰というものがあって、ブランドものであればなんでも高く取ってやろうというのが悪徳なる根性であります。このクリームは一種のブランドだけど、あくまで大衆的なもので高いものではないのに、日本では無知に付け込んで〝薬九層倍〟とばかりに7倍もの値段をつけている。これは大変に不正直な商売だと思います。

そうしたことを前もって知っておいて、登録さえすれば、〈ブリルクリーム〉は誰しもがイギリスのＡｍａｚｏｎで適切な値段で買えるのです。そういうふうにして、アメリカのものであればアメリカのサイトで買えばいい。Ａｍａｚｏｎは世界企業ですから。

海外のサイトで購入すると、モノによっては航空便で取り寄せることになります。それでもたとえば〈ブリルクリーム〉であれば、ひと缶1000円くらいです。もともと私がロンドンで買ったときは500円で、その頃はサンスターが輸入しており日本では2000円で販売していた。ずいぶん儲けるなとは思ったけど、それでもせいぜい4倍でした。

そういうふうにして、Ａｍａｚｏｎで購入する方法を知ってさえいれば、自分の気に入ったものを広く世界中から手にいれることができるのです。これはもう大変なメリットですから、知っているといないとでは大きな違いです。

4章

健康であることが、一番の節約

まずは風邪をひかぬよう気を付ける

私は日頃より、健康には大変気をつけています。『風邪はひかぬにこしたことはない』（ちくま文庫）という著書もあるくらいです。風邪は適宜引いたほうが免疫機能が更新強化されて良いという意見があるのは百も承知なのですが、それでも、一種の風邪であるコロナ感染で痛感したように、風邪だってウイルス感染症である以上、それがつねに自然治癒するという保証などどこにもありません。とくに高齢にもなれば、風邪をこじらせて肺炎になり、命を落とすという人も決して少ない数ではないと思います。だから、まずは風邪にかからないように、細心の注意をして暮らす、というのが第一優先であろうと、すくなくとも私は信じています。

また、生活習慣病も同様で、かかってから治療するのではなくて、まずもって、できるだけかからないようにしたいものです。どんなに節約をしたところで、生活習慣病になってしまえば、なにもかも人生が掛け違ってしまうのですから。

前章でも「酒はあまり飲まないほうがよい」「タバコなどはもってのほか」と言いま

したが、そのほかの問題もまた生活習慣にあると思うのです。

生活習慣病といえば、私ももちろん一般的な基準に照せば高血圧です。70歳を過ぎたら高血圧ではないほうがおかしい。年齢とともにある程度動脈硬化などが進み血圧は上がってくる、そうしたことは不可避に起こってきます。しかし、そこを一生懸命脳や末梢へ血液を送り届けるために、結果的にだれでも加齢によって高血圧になる、これは避けられません。だからといって、130以下、などという数値を機械的にあてはめて、すぐに降圧剤を処方するなどという医者のありようも、これはどうかと思っています。高血圧の基準などは、時代とともに大きく変ってきていて、いまはまた基準が緩和されて160以下というのが一つのボーダーラインになったそうです。しかし、昔は、「年齢+90」という値が一つの閾値だったもので、今でもアメリカなどは、その程度の緩い基準で対応しているようです。それなのに、無批判に降圧剤を飲まされて、その結果血の巡りが悪くなってしまって、頭がぼーっとするとか、目が回るなどという副作用を訴えている友人を私は知っています。それで、その友人も、どうも不愉快なので降圧剤をやめたら、すっかり気分がよくなったと言っていました。そもそも脳の血の巡りが悪い状態では、いわゆるフレイルという状態になり、ひいては認知症のようなことにもなってしまう。

やはり血の巡りは非常に大事です。そのために体のほうは老骨に鞭打《むち》って、懸命に血圧を高くすることで血液を行き渡らせているわけなので、脳溢血や脳梗塞《こうそく》にならないようにすることができれば、血圧が多少高いことはそれほど問題ではないと私は思います。

ところが日本では、昔にくらべると、ずいぶん高血圧の閾値を下げてしまったので、社会全体に高齢者が増えてきた現状では、高血圧の人が膨大に増えたということになりました。健康診断に行くと「血圧が高いですね、降圧剤を出しておきましょう」ということになる。そのように無批判に「高血圧だ」と言って降圧剤を飲ませる弊害のほうが大きいのではないか、と私は思っています。

つまるところ、クオリティ・オブ・ライフを下げてまで降圧剤を飲む必要はないし、それよりむしろ生活習慣そのものをしっかりと改めたほうがいいわけです。

私自身は、もともと酒もタバコもやらないので、そこは改めようがないのだけれど、タバコを吸っている人は、もう即座にやめることです。いわゆる加熱式なども含めてタバコに類するものは一切、やめてしまうのがよい。そしてお酒も血圧を上げる大毒ですから、できれば私のように一切飲まないのがよろしいけれど、そうもいかないという場合は、前に述べたように、「酒は飲んでもよいが、飲みにはいくな」というアドバイスを守って、ほんとうに少量の上等な酒を、ちびちびと味わう程度にしておくのがよろしいと思います。なに、酒もタバコも、やめようと思ったら、やめられるものです。私の妻の父親は、それこそ大酒飲みでしたが、高齢になってから、医者に「このまま酒やタバコをやっていると、死にますよ」と言われたといって、即座にどちらもやめてしまいましたが、べつになんの不満もなさそうでした。

で、酒やタバコなどに浪費しているお金を、すっきりとやめて貯金に回せば、それこそ一石二鳥の得となりましょう。

それに、混みあって、酔っ払いが大声で怒鳴りあっているような居酒屋のようなところへ常時出入していれば、当然、風邪やコロナのウイルスに感染するリスクが高くもなりましょう。その意味でも、高齢になったら、もう飲み屋などにはいかず、

「白玉の歯にしみとほる秋の夜の酒はしづかに飲むべかりけり」

という牧水《ぼくすい》の詠《えい》のような酒興こそ最善のものと思います。

というわけで、私はもちろん飲み屋などにはいかず、できるだけ人の混みあうところは避けていますが、風邪の予防という意味では、もっと徹底してやっていることがあります。

私は喘息やアレルギー性の鼻炎もあるので、温度の変化にはたいへん敏感です。で、そういう温度変化がまた、風邪引きの引き金になることもあります。たとえば、頭を洗ったあとなど、とくに後頭部から首にかけてのあたりが冷えると、鼻がグズグズしてくしゃみが出る。さらにはそのくしゃみが引きがねになって喘息が出るということもあります。そこで、頭を洗ったらよく乾かし、とくに首のあたりを温めると、くしゃみや咳がピタッと止まるということもあるので、やはり体は冷やさないほうがいいのでしょう。

とはいうものの、基本的に風邪はウイルス伝染病なので、風邪ひきの人には近寄らないのが一番。私の事務所の玄関の扉には「風邪ひきの人は入室厳禁」という大きな看板をかけてあるくらいです。

もう一つ、40年以上も続けているのが鼻洗浄です。外出をして帰ったら必ず、すぐ行ないます。やり方は、小さめのボウルを用意する。そこに人肌より少し温かい37〜38℃くらいのお湯を入れて茶さじ軽く山盛り一杯ほどの塩を溶かし、それを鼻からゴーッと吸って口からベーッと吐き出す。私は、特にブラックソルトといって、ヒマラヤの火山性岩塩を交えて用いています。ちょっと見には、なんだか恐いような、痛いのではないかと思うようないきかたですが、なに、生理的食塩水の濃度と、人肌の温度さえ厳守すれば、痛くもかゆくもありません。じつに快適なものです。

風邪を引くときは、やはり鼻の奥から痛くなるものです。とはいえ、たとえうがいなどしても、そこまでは洗えない。けれども鼻から入れて口から出せば、そこに付いているウイルスや雑菌などをみな洗い流せるというわけです。

私がブラックソルトを使うのは、殺菌作用のある硫黄が含まれているから。これを加えると温泉水のような匂いがします。慣れてしまうとこれほど気持ちのいいことはありません。外出の後はもちろんのこと、たとえば本の出し入れなどした際に埃でくしゃみが止まらない、そんなアレルギー症状も鼻洗浄でビタッと止まります。

しかし、鼻洗浄はなかなか難しく、ただ普通にひょいとやると、そのまま気管に入ってむせてしまいます。そうならないためには、鼻の穴の半分だけ水の中に入れて、空気と共にズルズルッと音を立てつつ温食塩水を吸い込むというような、ちょっとした「コツ」がいる。空気を一緒に吸い込まないとむせるので、必ず空気といっしょに吸い込むのです。そのときにズルズル、ズルズルッと甚だ汚い音がします。ズルズル、バーッ、ズルズル、バーッとなりますから、見る人がみんな恐れをなすのです。

この鼻洗浄については、拙著『風邪はひかぬにこしたことはない』に写真入りで詳しくやり方を伝授しておりますから、興味を持たれた方はご一読ください。

それによって、風邪引きの頻度を下げれば、風邪薬の薬代も節約できるし、苦しい思いもせずにすみます。私ども高齢になると、風邪は肺炎などの引きがねになって、命にかかわりますから、まずはできるだけ感染の機会をへらし、風邪をひかぬようにして、余病の併発も防ぎたい、そのように思って暮らしています。

健やかな体を作る日々の食事とは？

健康を考えるうえで大事なことは、食事です。外食は高脂肪、高塩分なものが多く、たとえばラーメンを毎日食べていると過剰に塩と油を摂ることになり、必然的に動脈硬化を昂進させて脳梗塞などを併発しやすくなりましょう。外食といっても一人前3万5千円くらいするような懐石料理などを毎夕食に食べていれば、そりゃ健康にはいいでしょうけれども、そんなことができるわけはありません。ともかく、いわゆるファーストフード、ハンバーガーやフライドチキンといったものを食べるのを、まずはできる限りおよしになったらどうかと思うのです。

極力外食を避けるという意味では、会社勤めしている人もできるだけお弁当を持っていくようにすれば、油や塩分を意識的に減らすことができます。

私も若い頃はしょっちゅう外食をしていましたが、それで不健康に太っていました。今はほとんど食事の95%くらいは自分で作って食べているので、外食の機会はほんとうに例外的です。たまさか、まあ外食しないこともないという程度です。それもまた限られていて、油ギトギトの焼肉や中華料理、ステーキやフランス料理などは原則として食べません。行くとしたらお蕎麦かお寿司でしょうか。ラーメン屋もほぼ行きません。ごくたまに行くかな、というくらい。

自宅で食事を作るのは、全て私です。子供たちが小さかった頃は私もとても忙しく、夜中まで大学で入試問題を作ったりしていたので家にいないことが多く、家庭内の料理は妻がやっていましたが、在宅の日々の多い今は、食事の用意はもっぱら私の役目で、彼女は食べる専門です。今はもう子供も独立して別のところに住んでいるわけだし、夫婦二人だけで暮らしている分には、日々の食事を私が作るのに何の苦労もありません。大学の先生などをしていると毎日外出するのでそこでお腹が減ったら何か食べてしまうことが避けられませんが、作家業は家内工業なので、わざわざ食べに出かけない限りは自宅で食べることになる。したがって、ここ25年以上は私が一人で料理して、夫婦で食べています。

「料理は女の家事」なんていうのはもうまったく間違った考えで、「好きこそものの上手なれ」です。奥さんの料理にあれこれ文句を言っている男も、世の中には多いようですが、「さように文句を言っているひまに、自分でお作りなさい」と言いたいですね。

私が料理するのを好きなのは、いろいろな食材をイメージして作り上げていく工程が楽しいからです。そして、何より「おいしいものが食べたい」から。自分で作れば、自分がおいしいと感じるように作るから、間違いないわけです。
もっとも、私の作ったものをほかの人が食べたら、もしかすると塩気が薄いと感じるかもしれません。なにぶんとも年齢的なこともあり、血圧には注意しているので、塩分の過剰摂取をしないように心がけていますからね。おなじように、糖尿病などになりたくないので、糖分の過剰な摂取も避けるようにしています。けれども、そういう塩分や糖分を抑える分だけ、たとえば「旨味《うまみ》」のような要素はしっかりと意識して加えるようにしています。そうすれば、塩や糖が少なくても、どこか美味しいという感じが前面に出てくるわけですね。したがって、友人などを呼んで家でご馳走すると、みなさん「おいしい、おいしい」と食べてくれます。そこは要するに、工夫とやる気、です。なにをどう工夫すれば、人はおいしく感じるか、という研究も必要です。

みなさん「時間がない、忙しい」というけれど、要するに時間は使いよう。今は私も多少時間がありますが、5年くらい前まではもう壮絶に忙しかった。ちょっと大げさに言えば寝る時間を削って仕事に明け暮れていました。けれども、そんな仕事の合間にも、必ず食事は自ら調理して食べています。その調理に要する時間も、非常に短いのです。母もそうでしたが、たとえば食材を切ったり剥いたりする作業、それがとても手早くできます。人が一時間掛けて料理するところ、私はおそらくその半分で作ってしまいます。頭のなかでよくよく段取りを考えて、同時進行的に何種類もの料理を並行して作っていくので、主菜、副菜、汁物などが、同時にでき上がるというわけで、きわめて能率的に料理を終えます。しかもまた、その食事を食べる時間が私はとても短いのです。あっという間に食べてしまいます。

世の中の人は、晩酌なんかしながら、1時間も2時間も食事をしているかもしれないけれど、私はだいたい食べるのは15分くらい。作るのも30分あれば十分。そうすると、作り始めてから食べ終わるまで45分でできてしまう。そのくらいの時間は、誰でも捻出できるではありませんか。

要するに、時間は大切、何事も手早く、です。一番節約しなくてはいけないのはお金より時間ですから。料理をするときに何からどういう手順で作るかというのが、私の頭の中でもう自動的にプログラムされているのです。たとえば、和え物《あえもの》ならできたてよりも10分くらいおいて馴染ませたほうがおいしい。とすると、そうしたものから先に作っておくわけです。まずは味噌だれや辛子和えの素《もと》などを作っておいて、野菜を茹でて和えておく。その日のメインが塩焼きの鯛であれば、最初にきれいに洗浄してひと塩し、しばらくおいてもう一度洗う。そして、水気を切って打ち塩をして、オーブンに入れる。

　こうした一連の流れがあって、その合間にちょいちょいと味噌をかき混ぜたり、野菜を茹でたりしながらいっぺんに作っていく。そうやって、いちどきにパッとできあがったのを食べておしまい。朝ごはんはだいたい作って食べ始めるまでが15分、食べ終わるまでが15分です。昼は食べないので、夜は作り始めてから食べ終わるまで45分くらい。

　レセピは全部頭の中に入っていて、どのくらい時間がかかるかというのはちゃんとプログラムされている。だから、これを作ろうと思った時には、何から手をつけるかというのは自動的にパッと運ぶんです。これは自分でも不思議なくらいで、母親ゆずりの、一種の才能かもしれませんね。

　ともあれ、そんな調子ですから、食べるときも、あのフランス料理のフルコースみたいに、アミューズがでて、食前酒をなめて、オードブルをちょいとつまんで、魚や肉のメインを別々にたべて、それからサラダだの、デザートだの、さらには食後の酒だの、なんだかんだと2時間も3時間も食事をしているなんてのは、まったく人生の時間の無駄遣いだとしか思えません。したがって、時間の無駄を省くという意味でも、私はのんびりと料理がでてくる料亭だのレストランだのでコース料理をいただくなんてのは、根っから肌に合いません。そうもったいぶらないで、さっさといっぺんに出してほしいと思うばかりです。

スーパーで買い物をするときにも、野菜であれば葉ものと根菜と、トマトやナスなどの生《な》りもの、それに筍《たけのこ》やきのこ、あるいは蒟蒻《こんにゃく》やシラタキのような素材と、さまざまなものを買ってきて順繰りに使っていくわけです。前もって献立を考えて、それにあわせて素材を買いに行くというわけではないのです。そうして、それらがなくなるまで次には買いに行かないというのが、節約の王道です。今日はこの料理を作るからと、肉を何グラム、生クリームを一つなどという料理番組のような買い方をしていると、ものすごくお金がかかります。

私は食いしん坊なので自分でいろいろ工夫もするし、料理人の作るところを板前割烹《かっぽう》などに行くとずっと見ています。ただぼんやり食べてはいません。隣の人と話しながらも、目は料理人の手元を見ている。すると、作り手も見られていることが自ずとわかって、「それ、何をやっているんですか」と聞いたりするときちんと教えてくれる。そうして独学で料理を見習い勉強してきました。あとは、もう包丁さばきなどはひたすら練習です。

「いや、そんな時間はありませんよ」などとみんな言うけれど、嘘です。私はものすごく忙しい生活をしているけれど、朝も晩も、みな自分で食事を作って食べていますから。工夫をすれば、食事を作るのになんの時間もかかりません。

健康のため何をどう食べるかも大事

前述のとおり、塩気をたくさん摂ると血圧が高くなるので、私は重々注意をして、味噌汁なんかでも普通の人が飲むと「これ、味噌を入れ忘れたのじゃないか」というくらい薄くしています。代わりに出汁を濃くしているので、塩気がそんなになくてもどうということもない。言うなれば、自ら病院食を作って食べているようなものでしょうか。
それから、野菜をたくさん摂るのはもちろんですが、必ず加熱をして食べています。生野菜などはいくら食べたとしても、屁のつっぱりにもなりはしません。丼鉢にレタスを山のように食べたとしても、それらを湯に通すとほんの少量ですから。できるだけ食物繊維を摂ったほうがいいと言っても、「生野菜のサラダをたくさん食べました」なんていうのはもう全然だめです。

やはり大事なのは、加熱した野菜を食べるということ。加熱するとビタミンCが壊れると言いますが、摂り方によりそうでもない場合もあります。加熱しすぎないで、茹でるときだったら、さっと湯通しする程度にしておく、またたとえば、さつまいもはビタミンCが豊富ですが、加熱してもでんぷんによって保護されるため壊れにくいので、意識してそういう野菜をとる。だから、さつまいもやかぼちゃなどを上手く取り入れれば、壊血病になるほどビタミンCが不足することもありません。また、デザートなどでフルーツを食べるとか、そちらのほうで工夫すればよろしい。

そうして、野菜を食べるについては、いろいろな色の野菜を食べることが大切です。

さつまいもやかぼちゃ、にんじんといった黄色い野菜、緑色の葉物、大根やカブラのような白い根菜類などなど。

そして、非常によく食べているのが昆布《こんぶ》、わかめ、海苔《のり》といった海藻類です。たとえば、味噌汁を作るときには必ず昆布で出汁を取りますが、私はそれを残さず食べてしまいます。料理番組などでは「沸騰する前に取り出してください」なんて言いますが、そんなのもったいない。昆布で出汁を取った後は、それを刻んで具材として味噌汁に入れてしまいます。わかめなども、塩蔵ワカメを常備していて、一袋を一度に塩抜きして、夫婦二人で食べてしまうくらい。

そのようにして海藻類をたくさん食べていると、まず便秘をしません。わかめの食べ方はさまざまですが、かつお節と酢醤油をかけることが多いですね。お酢をたくさん摂ることもまた必要で、血圧を下げたりコレステロールを減らしたり、よい効果があります。ですから、私は海藻とお酢を一緒に摂るよう心がけています。

とはいうものの、私は栄養士ではありませんから、いちいち何を何グラムというセンスはないので、まったく思いつきですが、それでいいのです。ただ同じものばかり食べてはダメだというので、ともかくバラエティ豊かに、いろいろなものを食べるようにしています。

「今日は豚肉を食べたから、明日は魚にしよう」

「今日は鯖だったから、次の魚は白身にしよう」

といった具合に常に頭の中にプログラムしておいて、同じものを食べ続けることをしないことが大事です。

たとえば、生野菜を食べるときでも、出来合いのドレッシングを買ってきてかけて食べたりしないことです。そうしたものは多くの添加物が入っているので、どうも人工的な風味が感じられて、私は違和感を覚えます。添加物が多いのは、それ自体、体によいわけがありませんしね。私はむしろ、単純にかつお節と酢醤油で、あるいは酢味噌でいただくとか、白あえにしたり、胡麻和えにしたり、そうやって工夫をすると、たいがいおいしく食べられると思います。

それから、マヨネーズもあまりたくさん摂りすぎるのはよくありません。マヨネーズの原料は卵黄と酢とサラダ油ですから、非常にコレステロールが高い。おいしいものではあるけれど、マヨラーなどと言って焼きそばなどにガバガバかけて食べる、なんてことはいけません。私はマヨネーズが食べたいと思ったら、小さな器にマヨネーズを少し入れ、それをお酢で緩めて味付けに少々の砂糖を加えたり、胡椒《こしょう》のようなスパイスを足してドレッシングにしています。すると、生野菜でもわかめでも十分おいしく食べられます。

私は20年ほど前に急性胆嚢炎《たんのうえん》を患って一切の油を禁じられたことがあります。そのときは、いくら食べたくてもマヨネーズは禁忌でした。そこで、無脂肪ヨーグルトにお酢を加え、塩や胡椒などで味付けして「マヨネーズのようなもの」を作っていました。それでなんとか我慢ができた。なんでもそうして食べる工夫をしてきたものでした。

そうした意味でも、私のところでは同じものを何日も食べ続けることは決してありません。先にも言った通り、肉を食べるにしても、豚肉を食べた後は鶏肉、その次にはラムと肉もローテーションしていくのと、その合間に入る魚も、赤身、白身、光り物、干物などをバラエティ豊かに食べる。

それから、常に摂る必要があるのがカルシウム。特に女性には小魚がおすすめですが、卵の入ったししゃもはコレステロールが高いので、オスを選ぶのも一つの智慧です。いわゆるじゃことといった小魚もよいでしょう。またイワシ煎餅のようなものを常備していて、お茶の友に、ご飯と一緒になどして常に食べます。煮魚なども、卵の入ったカレイではなく鯛の切り身にする。そのように意識して食べていると、自ずから非常に健康によろしいということになる。また、そうした食生活を維持していると、見た目に老けることもありません。お坊さんなんかでもう90歳を過ぎてもツヤツヤとした顔色の人がよくいますけれども、食生活のおかげなのではないかと思います。

かつお節と味噌、酢は欠かさない

先ほど昆布で出汁を取るという話をしましたが、そうはいっても〈ほんだし〉のような顆粒出汁を使うこともあります。無理をせずに続けることが大事なので。以前には、かつお節を削って出汁を取ることもしていましたが、それはたしかにとても美味しいのはわかっていますが、時間と手間がかかりすぎるのであきらめました。

代わりに削り節はいつも用意してあります。茹でた野菜に酢醤油とかつお節をかけたり、なんにでも入れるだけでおいしく食べられる。そして私は〝できるだけ捨てない〟という主義なのです。かつお節でも、出汁材料として味噌汁に削り節を入れて、そのまま味噌を加えて食べてしまったりもします。そのかつお節は特に産地にこだわったりもせず、ごく一般的なものを買い求めています。

ただ、味噌についてはとても注意深く選んでいます。私が今使っているのは、石川県の小松から取り寄せている西圓寺《さいえんじ》味噌という味噌。ちょっと甘味があって色が薄く、麹がよくきいて良い豆の味がします。これを使って味噌汁を作ると、余ったものを翌朝温め直しても不思議とおいしいのです。私は味噌をよく食べるので、もうここ数年来はもっぱらネットでこの味噌を取り寄せて賞味しています。

私はこれで味噌汁を作るのに、原則として野菜とタンパク質を欠かしません。豆腐や油揚げ、野菜であればナス、じゃがいも、さつまいも、あるいは玉ねぎやキャベツ、そして海藻類など、なんでもいい。それに味噌は豆で作るので、もともとたんぱく質を豊かに含んでいますしね。そこが味噌汁の懐の深いところ。味噌汁はおかずだと思って、出汁を取るのに使った昆布の細切りももちろん入れています。

味噌汁以外によく使うのは、菜花《なばな》類の和え物。ほうれん草や菜花あるいは小松菜などをこの味噌と合わせるのに、豆腐と一緒に和えれば白和え、胡麻を入れれば胡麻和え、辛子と酢ならば辛子酢味噌和えになる。いろいろな和え物を同じ味噌で作っても、味にバラエティがでておいしく食べられます。元々私は長野の信州味噌が好きだったのですが、少し辛いので薄めて使うと味がなくなってしまう。この西圓寺味噌は塩が淡いめなのに、薄めに料理しても不思議と味がなくならないのです。味噌は本当に日本人の味覚には欠かすことのできないもので、地方によっていろいろ違う。それをあれこれ買って楽しむのもいいでしょう。

こうした日本在来の味噌、醤油をうまくアレンジして使うといいと思います。そして、もう一つ欠かせない調味料がお酢。ドレッシングは油と酢を混ぜて乳化させてとろみをつけますが、酢を巧みに使えば、味噌やヨーグルトと合わせてとろりとさせることができる。これで油なしでも野菜などをおいしく食べられます。

私の家では酢の瓶を必ず二本くらい用意してありますが、あっという間になくなってしまいます。たとえば、カリフラワーなどは茹でてマヨネーズや塩で食べるのは当たり前ですが、それだけではなく私は多く酢漬けにしています。酢を水で二倍に割って、そこに砂糖、塩、黒胡椒、ローリエ、唐辛子などを入れて煮立たせ、カリッと茹でたカリフラワーとあわせて壜詰にします。カリフラワーはサッと湯通しするくらい、柔らかくなりすぎず、カリカリッとしたテクスチャーが残るくらいでちょうどいい。実は葉のほうもおいしいので、こちらはしっかり茹でて一緒に漬けておく。

そうすると、ご飯にもパンにも合うし、生ハムと合わせればメロンと一緒に食べているようなおいしさになるなど、いろいろな食べ方もできて日持ちもしますから、これは大変便利です。他にも蓮根《れんこん》を酢蓮《すばす》にしたり、新生姜《しょうが》が手に入れば薄切りにして甘酢漬けにしたり。私は寿司屋に行ったら漫然と食べていないで、大将に作り方を聞いてきます。「甘酢漬けの生姜は何分くらい茹でるの？」などと尋ねれば、「はい、うちでは11分ほど茹でます」なんて教えてくれる。生姜の甘酢漬けは自分で作ったほうが、買ったものより断然おいしいですよ。

毎日続けて歩くことを馬鹿にしない

健康のために気をつけているのは、食事のほかは歩くこと。私は寝ているとき以外は常に万歩計を身に付けています。一日の目安としては概ね6000歩、多くても1万歩まではいかないようにしています。歩けばそれだけ膝などに負担がかかるので、我々の年齢になるとやりすぎて関節を傷めたりしないよう、だいたい目安は6000歩くらい。

雨の日には近所のイオンモールへ車で出掛けていって、その中にある周回型の歩行路を歩いています。1周800メートルくらいのところを、一、二、三階と各フロアを2周ずつ回って、買い物をして帰ってくる。天気のいいときは、家から出て四方八方好きなところを6000歩になるまで歩き回っています。暑い時は、外を歩けば熱中症のリスクもあり、日焼けなどすれば皮膚にも悪い、だからそういうエアコンの効いた室内で、直射日光に当たらないかたちで歩いています。妻も一緒に、私と同じ速さで同じ距離を毎日歩くので、とても健康です。

そのようにして歩くには時間が必要なので、よくよく時間のマネジメントをしなくてはいけません。けれども座りっぱなしの生活は健康によくないので、一日のスケジュールの中で必ず1時間くらいは歩く時間にあてることを最初に決めています。

夏は真っ昼間に炎天下を1時間も歩いたら熱中症になってしまいますから、モール歩きが原則ですが、暑さが収まってきた時期には陽が傾いてから歩く。反対に、冬は11～13時までの間であれば、よく陽が当たるので寒くもないし、日照を受けることでビタミンDも生成されて骨粗しょう症も防ぐことができます。

そして、歩くときに大事なのが靴です。ヒールのある靴なんか履いて歩いてはいけません。サンダルなんかもダメ。私はヨネックスのウォーキングシューズに決めていますが、みなさんそれぞれ自分によく合うウォーキングシューズを探して常にそれで歩くのがいいと思います。

私は何か式典であっても、スーツを着て人造皮革製の黒のウォーキングシューズで押し通します。ヨネックスのウォーキングシューズは1万5、6000円で、普通の運動靴よりはやや高めだけれども、底がすり減って履きつぶすまで無駄なく使うので全然割高ではありません。この靴は非常にクッションが効いていて、膝への負担も少ないのです。今でもたまに他のシューズを買って試すこともありますが、やはりヨネックスのにはかないません。すくなくとも私には、これが合っているのでしょう。ひとそれぞれに、歩き癖もあり、どれがいちばん自分に合っている靴なのかを研究して、これだというのが決ったら、あとは右顧左眄《うこさべん》せず、それ一本で行くというのが私の流儀です。それによって、「買ってみたけれど、合わないので、履かぬままに終った」というような「無駄買い」を防ぐことができるので、これも節約の一法です。

そして、重要なのは走らないこと。運動をしようと思って、一週間に一度、週末になるとジョギングしているなんていう人がいますが、それはあまりお勧めしません。走るときには、膝や大腿骨頭、あるいは足首に撃力《げきりょく》というのがかかるんです。釘に平たいものを当てて手で押しても入っていかないけれど、トンカチで叩くとストンと入る、それが撃力。走るということは跳んでいるわけだから、足で50~60キロの体重を受ける。足首、膝、股関節に実際の体重の何倍かの撃力が加わると思えば、そんなことを毎日していたら関節を傷めてしまいます。その危険を防ぐために筋骨隆々としていればよいけれど、それもまた大変なことですから。

私はいわゆるスポーツクラブなんかには行くのはやめたほうがいいと思っています。ベルトコンベアの上でのランニングなどは、体によくないのではないかと、じつはひそかに思っています。部屋の中では空気も悪いし、景色も変らないので退屈じゃありませんか？ それよりは自然の外気を吸って、春夏秋冬の景色を眺めながら毎日歩く。それには金も一銭もかからない。やはり、これはこれで節約の王道なのであります。

5章

今あらためて節約と人生

お金と生き方について

節約とはなにかといえば、結局のところ、「要らない金を出さない」ということに尽きます。つまりは、「不要の出費を省く」というのが節約の一丁目一番地ですね。そうして、同時に、そこが最終目的地だと思うのです。だから、まず「自分の生活の中で不必要なことに金を使っていないか？」という反省から始まるのが第一歩です。すでに縷々《るる》述べたように、ＰａｙＰａｙで支払うとこれこれのポイントが貯まりますよ、というような宣伝に踊らされて、ろくに考えることなく夢中になって不要不急のお金を使ってしまう、なんていうのは非常に危ないことだと思います。やはり、一人一人があくまでも冷静に、しかも自分の頭で考えないといけません。

たとえば、今、年間2％のインフレ誘導といった話が取り上げられていますが、それはとりもなおさずお金の価値を減らしていくことにつながっていく。すなわち、貨幣価値の逓減《ていげん》となり、「銀行口座に資産を持っていただけではどんどん実質的に目減りしていくことになるから、ある程度投資をしましょう」ということになりましょうね。だからその分をカバーする賃上げがなくては、貧しくなる一方です。だけれど事実として、少なくともこの30年間くらい、日本はずっとデフレでしたから、私はずっと現金で持っていたけれど、ちっとも目減りはしませんでした。

今度、政府がこれだけ笛を吹いたから、果たしてインフレ傾向に振れていくかなと思うけれど、さあそれはどうでしょうか、政府のいうようになるかどうかは、どうもあてにならないと思うのです。

なぜかというと、日本はこれだけどんどん人口が減ってしまい、いわゆる人的資源がやせ細りつつあって、大学でも世界順位を次第に下げてしまっている、という現実がありますから、その結果として、世界のビジネスシーンからは次第に遅れを取りつつあります。GDPの順位も下っていくわけです。

こういう現状がある以上、日本がかつての旺盛なる経済成長のようなことを実現できる可能性はどうしたって低いといわなくてはなりません。といって、人口を俄かに増やす妙策もないし、そこを補うためにいたずらに外国から移民など入れれば、こんどは日本社会の穏やかな道徳性とか、安全な暮らしというところに亀裂が入ってくる。どうやっても、かつて私ども団塊の世代が額に汗して、おおいに奮励努力した結果として、世界に躍進を遂げたようなことの再来は、望むほうが無理というものです。

そこで、これからはむしろ、小国寡民《しょうこくかみん》的政策になっていくほうがよいし、それがむしろ望ましい未来なのではないかと私は思います。世界のモンスターのようなユダヤ資本なんかに対抗してやっていこうというのがそもそもの間違いで、日本は小さな国としてシンガポールのように細《こま》やかに穏やかに暮らしつつ、そしてささやかな幸福を希求するという方向に舵取りするのがいいのではないか、と思うのです。

だから、これから先はどんどんインフレになって経済成長していく、といった見果てぬ夢を見るのはやめにして、今あるものを失わないようにする。そうした後ろ向きなスタンスというのが、結局、賢いのではないのかなあと、私はひそかに思っています。

投資の本来あるべき姿とは

この「今あるものは失わないようにする」という意識は、個人にも当てはまるのではないかと思うのです。すなわち、「投資はいいけれど、投機はやめたほうがいい」という王道的な考え方にもつながっていきます。投機は博打《ばくち》のようなもの、何をしているのかもろくに知らない会社の株なんぞを、目まぐるしく売り買いして、そこに法外な利潤を求めようとするのは、やはり道義的におかしいし、本質的リスクがそこに伏在するのは、博打がアブナイ行為であるのと同じことです。

そして、もし投資をしたいのであれば、前にも書いたとおり、その会社が何をしようとしているのか、つまり業務の将来性や道義性をよく調べて、その発展性の確からしさはどのくらいなのか、経営者の人柄はどうなのか。あらゆることをよくよく取り調べて、「この人のやることならば、まあ間違いはないだろう」と見切れたところで、自分の持っている余剰資金の範囲で投資をするというのが、本来のあるべき姿に違いありません。

そのようにして買った株券は、原則として「売らないこと」です。10年でも20年でも持っている。もし万一その会社が20年経ったら潰れてしまったとしたら、それは残念だった、自分の目がなかった、と思って諦めたらいい。投資には、そういうリスクはつきものだといわなくてはなりません。

でも、いっぽうで、デイトレーダーなどといって1日中パソコンにはりついて、1秒ごとに売ったり買ったりして利鞘を稼いだりしている、なんてのは何が楽しいのでしょう。世のため人のためでもないことのために、ただ株券を売り買いして泡銭《あぶくぜに》のような金を儲けてもおそらく達成感などは得られますまい。

たとえば、デジタルカメラがどんどん世に出てきたときに「これじゃあフィルム会社はいずれダメになるな」と想定する……そういう時こそ、投資の出番です。この時に当たって、たとえば富士フイルムという会社は、フィルム事業からさらに発展的な分野に、企業としての目をむけ、投資もしていった、つまり、もっとハイテクの医療機器だとか、新薬の創製だとか、化粧品の開発にまで業態転換をしつつ巨大な投資をして、今、目覚ましい業績を上げています。それは結局、経営者の見識の問題なのです。

経営者がなんのために会社を経営しているか……、自分が金儲けをするためでしょうか。それはもちろん利潤の追求は大切ですが、では売れればよしという単純な問題でしょうか。そんなことはありません。「この薬を出したら、いままで治療が困難だった病気が治って、世のため人のためになるだろう」とか「こんな検査機器を作ったら、癌《がん》をほんとうに初期の初期で発見できて、結果的に死者をもっと減らせるかもしれない」というように、そこに「社会の役に立つこと」という倫理観がきちんとあるならば、それが好い成果を挙げて、結果的に企業としての利潤もおおいに上がるということであるべきです。人を傷つけようと、損害を与えようと、ただただ自分が儲かればよいというのだったら、これは一種の犯罪のようなもので、昔大騒ぎになった豊田商事巨額詐欺事件のようなことになるわけです。

そういう意味で、投資をする人はやはり投資先企業の経営者の資質や倫理観をよく調べて、自分の投資が、世の中のためになるということを見極めないといけないので、じっさいは、素人には難しいのではないかと私は思うわけです。

昔、こんなことがありました。イギリスで有名な投資顧問会社の社長をしている親しい知人のオフィスを訪ねると、ちょうどどの会社に投資をするかというやりとりをしきりと電話でしているところでした。彼を待っている間に、聞くともなく話を聞いていると、「私はこの会社への投資はしない。なぜなら、あの社長の人柄が信用できないからだ」と言っていました。投資の可否は、結局こういうふうにその当該の会社の経営者に、きちんとした倫理観と展望があるかどうかに懸っているのだと教えられたわけで、つまりこういう見識をもってお金を動かしている投資顧問会社なら安心だなと思いました。

これはただパソコンの前に座っていたのではできない。やはり、その社長なり経営者と実際に面と向かって会っていろいろと話を聞き、「この人は信用できるのかな」「この事業は世の中の役に立つのかな」ということを、根拠を以て判断できないと、投資などはできません。そういうきちんとした投資であればいいけれど、ただパソコンをいじくりまわして、日銭の利鞘を稼いでいるなんてのはつまらぬことです。そんなのはどこまで行っても、投機でしかありません。

金は持っている範囲で使う

会社を起こして事業を始めたいというときには、お金を借りないと始まらない。たとえば、畑を1枚売ると10億円というような近郊の大地主がそれを元手に商売を始めても、とかく失敗しがちです。〝濡れ手で粟〟で手に入れた金は使う「痛み」がない。でも、銀行から借りてカツカツで起業した人は、その「重圧と痛み」を感じているがゆえに一生懸命事業をやるから、それだけ必死に真剣に取り組む結果、まあ成功する人もいるわけです。

そうした意味では、起業家のような人にとっては、まず最初に借金をして、つまり「ない袖を振る」のも当然のことかもしれません。だからこそ、銀行だとか信用金庫だとかの「融資をする企業」があるわけだけれど、一般の人たちはそうではないのですから、住宅ローンのようなものを除いて、まずは「そんなふうに自分の持ってないお金を使うのはおよしなさいよ」と言わざるを得ません。「持っているお金を使いましょう。お金があまりないのであれば、使わずにおきましょうよ」というのが、起業家ならぬ「ふつうの人」の、あたりまえの考え方ではないかと思うのです。

原則的には、「個人は持っている金を使う」というのが本来で、借金を背負ってまで持ってない金を使うのは失敗した場合のリスクがばかにならないぞ、とそんなふうに思っています。

物を買うにしても、分割払いや月賦にすれば、応分の利子をとられる。大きな買い物となれば、そのローンの利息分もばかにはなりません。それならば、ある程度資金ができるまで我慢して、貯金をして、分割払いなどにしないで、現金で買ったほうがいいのだがなあ、と私は思います。

私は20歳の時から今まで、何十台もの車を乗り継いできましたが、その車どもは常に現金で買ってきました。そうすると、自動車会社はがっかりするんです。「えっ、現金ですか?」と言われます。なぜかというと、ローンにすれば会社側はその分の利子が手にはいるから、現金買いはあまり歓迎されないのだそうです。つまり「現金で買う」となると、その利子分を儲け損なうわけです。そう教えてくれた人があって、私は、「なるほどなあ」と納得したことがあります。

そういうふうにかれこれ考え合わせてみると、やはりお金は「自分の持っている範囲」で使う、というのがふつうの人の金遣いの大原則にちがいありません。

一方で「借金は財産」という考えもあるけれども、これは商売(事業経営)をしている人の考えです。事業を営んでいる人は信用がないと借金ができませんね。だから、何十億円も借金をして運転資金にしているというのは理にかなっているんです。借金をしなければ商売は小規模にしかできない、けれど借金したからこそ、扱う品も増やせて、結果的に大きく利潤が上がる。信用がなければ銀行は貸してくれないから、会社の信用をあげるために一生懸命に仕事をすることになる。そうした意味で、それだけ借金があるということは、それ相応、会社の信用があるということになります。

だから、事業をしている人にしてみれば「借金は財産」というのは、その通りです。けれども、個人が住宅ローンのような形で借金をするのは財産ではありません。これは単なる借金です。この場合は、「借金は怖い」と思わないといけません。

もし病気になってしまって、借金のローンが払えなくなったら、追い立てをくらってそこに住んでいられなくなってしまうかもしれません。もっと小さな住居に移ろうと思っても、今度は元の家がなかなか売れない。今中古マンション市場など見ていると、ずいぶん景気のいいような話になっていますが、実際には空室がたくさんあります。私は以前にオフィスとして使っていた70平米くらいのマンションを持っていましたが、その4800万円で買った駅前マンションを、10年ほど使って、売る際には2800万円でしか売れませんでした。差し引き2000万円の損です。そのように、マンションは常に損することを覚悟して買わないといけません。

たとえば、たまたま持っていたマンションの物件を人に貸したら火事を出してしまった、殺人事件が起きてしまった、すごく汚く使われてしまった。孤独死してしまった、等々、そうした「瑕疵《かし》」のせいで価値がどんどん下がってしまうので、マンションオーナーはリスクを考えると決して確実な投資ではありません。そこまでいかなくとも、店子《たなこ》が家賃をきちんと払わずに逃げてしまったとか、地震で傾いてしまったとか、あらゆることで価値が減じてしまうリスクが、マンションにはあります。しかも、マンションは年月が経つと手入れが必要になりますから、つまりは大規模修繕などの費用を負担しなくてはなりませんし、建て直しなどのことがあっても、居住権を楯に立ち退いてくれない人があったりもしますから、あれやこれやとリスクがあるのだと、私は経験から知りました。

そこで、どうせオーナーになるならやはり土地を持っていたほうがいい。土地柄によるとはいえ、交通の便利なところの土地はなんとでもなりますから。

結局のところ、こうした不動産というのはやはりよく調べて、研究してみてから、手を付けないとダメだと思います。たとえば「××窪」のように窪が付いたり、「○○谷」のように谷が入っている地名は、もと低湿地帯や田圃だったところが多く、大雨が降ると冠水するリスクがあったり、あるいは地震がくると液状化しやすかったりします。あるいは山裾の土地は崖崩れなどのリスク、川沿いの土地には侵水・流失などのリスクもあるでしょう。そのようにどういう土地柄か考えず、うかうかと不動産屋の口車に乗せられて見ず知らずの土地を購入したりすると、後々後悔することになりかねません。

　総じて申せば、つまり世の中はまず「信用しないこと」です。できるだけ堅実に、後になって「しまった」と思わないように、まずなにはともあれ疑ってかかる、つまりリスクヘッジは非常に大事です。不動産投資など、実際に自分が経験した上で、そうそう簡単にお金儲けなんかできないし、それどころか、リスクがとても大きなものだと実感しました。その意味では、良く考えずに勢いで何かを買ってしまう、なんてのは、やはりその価値の多寡《たか》を問わず、つねにリスクに晒《さら》されていると見なさなくてはなりません。なんでもかんでも、現金は使わずにスマホでピッと決済しておしまい、なんてのは、やはりいささか軽率で、アブナイ感じがつきまとっているように思います。

いいものを探して使い続ける

総じて申せば、「要らない金を出さない」というのが節約の鉄則ですが、これは江戸時代に井原西鶴《いはらさいかく》などが常に強調した「始末」ということにほかならず、まず千古不易《せんこふえき》の大原則にほかならないのです。

そういう意味で、私はいつも大威張りで節約を楽しんでいます。

ファッションとか自動車とか、すべてこの「始末の原則」に立って眺めて、「よせばいいのに、あんな法外な値段の、キンキラキンのイタリアンブランドなんか着て歩いているよ」と、あたかも雲の上の仙人が下界の人たちを憐《あわれ》んでいる気持ちです。「欧米人の猿まねをして、胴長短足で平べったい顔した日本人が着たところで、あんなの似合うものか」と眺め、かつはその一方で、「日本人には日本人の美学があるのに、そういう似合いもしない格好をして歩くのは格好わるいがなあ」というように思うわけです。だいいち、仮に自分が、そういうのを着たところを想像すると、ただただ着心地が悪くて、とても人前には出られないという、コンプレックスを感じるだろうと思うのです。

そうすると、そうしたことに金を遣う人に対して、むしろ憐憫《れんびん》の情を覚えるのです。ひるがえって私は、もっと地に足のついた、日本人らしいスタイルで、恥ずかしくないような暮らしをしたいと思います。

思うにそれは、自分にとって、もっとも着心地の良い服装をして、分相応の車に乗って、しかも気に入ったものは、長く使い続ける、そういう生活をモットーとしています。3章でお話ししたミノン石鹸やブリルクリーム、ボールペンのVコーンもそうですし、自動車なども自分の身の丈に相応の車、しかも、高齢の自分にとって、もっとも安全な装置の完備した車というコンセプトで、以前は中古ベンツのCクラスを4代にわたって乗り継ぎ、その後は、スバルの乗用車を3台乗り継いで、今に至っています。

たとえば、自動車を買おうというときに、かっこいいといえばアルファロメオやマセラティといったイタリアの車かもしれません。じっさい、イタリアはデザインの王国で、たしかにかっこいい。で、そうした車にも試乗してはみたけれど「いや、これに長いこと乗る気はしないいな。第一にこれは故障するだろうな」と思ったことでした。で、アルファロメオの会社に行き、聞いてみたんです。すると「最近はそれほど故障しなくなりました」と言っていましたが……。やはり車は命を預けるものだから、故障しない、危なくないことが何よりも大切なんです。私がスバルを選んで、現在何代も乗り継いでいるのは、ひとえに、アイサイトという衝突回避安全システムの標準装備ゆえです。高齢になると、目や耳も悪くなるし、反射神経も若い時のようにはいかなくなります。それゆえ、そこを補う為には、最先端の安全装置を使うのが、せめてもの安全策であろうと思い、今はスバル車に乗り続けています。それもあと何年かで、運転を諦めるということと直面しなくてはなりませんが……。

古典に学ぶお金との付き合い方

節約についての考え方は、実は古典からも学べることが多いのです。

たとえば、井原西鶴の『世間胸算用《せけんむねさんよう》』という、いかに大晦日に胸算用して年越しをするかというテーマの、一種の経済小説があります。この中に、ある商人が正月の飾り付けに必要な伊勢海老の価格が年末には高騰するので、紅《もみ》の絹で伊勢海老の作り物を作らせたという話が出てくる。そのほうが正月が終わってても子供のおもちゃとしても使えてなおかつ安くできる、という。私はそれを読んで大変納得して、もう何年と正月の飾りなどは買ったことがありません。

正月の飾りといえば、水引や切り紙を添えた松の枝を玄関のドアに付けるタイプがありますが、松は枯れてしまうから翌年はもう使えない。なので、私は賀正と書かれた紙が貼られているクリスマス・リースのようなスタイルのしめ縄飾りを毎年飾っています。正月も7日になると取り込んで箱にしまっておき、それをまた翌年も懸ける、こうして、もう10年くらい同じものをかけて使っています。それで何が悪いのでしょう。そのようなものに毎回何千円もかけるのは無駄遣いと、町人の西鶴先生の知恵に学びました。一事が万事、無駄なことはしない、ということです。そうした町人の商売道徳を教える書物は数多くあるのですが、いずれも「始末が大切」ということ、すなわち「無駄遣いをしないで合理的にお金を遣いなさい」という教えが基本なのです。

ほかにも『徒然草』第二百十五段にこんな話が出てきます。

鎌倉幕府五代目の執権だった北條時頼《ときより》に、「独りで寂しいから酒の相手に来ないか」

と呼び出された平宣時《たいらののぶとき》という人が、「普段着でいるので行かれない」と断ると「どんな格好でもいいから」と言われて参上する。すると、「今は独りで、あいにく酒の肴がないんだ。ちょっと台所のほうに行って、何か探してきてくれないか」と時頼が言う。宣時が探しにいくと、台所の棚に、使い残りの味噌が少しばかりお皿にあった。「こんなものをやっと見つけました」と出したら、「ああ、それでいいじゃないか」と、乾いた味噌をちびちびと舐め舐め、お酒を飲んで大いに楽しんだ、という話です。

さらに、第百八十四段には、この時頼の母親松下禅尼《まつしたのぜんに》の話もあって。あるとき尼は、まだ年若かった時頼を自室に呼び入れて、その目の前で、ボロボロになった明り障子の破れたところだけを、みずから手づから小刀で切り取っては、一枚また一枚と貼っていた。そこに時頼の兄義景《よしかげ》がやってきて、「どれ、そのお仕事はわたくしのほうに頂戴いたしまして、なにがし男《おとこ》に命じて張らせることにいたしましょう。この者は、そのような手仕事を得意としておりますほどに」と言ったところ、尼はそんなことにはとりあわず、なおも一コマずつ手ずから張り続けていた。そこで義景は、「そんなふうにこまごまと一枚ずつはらずに、いっそ全部張り替えてしまったらどうでしょうか」と勧めると、尼は次のように答えたという。

「いえ、この尼も、いずれはさっぱりと張り替えようとは思うておりますけれど、今日ばかりは、わざとこうしておくべきものと思うてな。よろず、物は破れたり壊れたりした所だけを修理して用いる事にするがよいと、そこを若い人に見習わせて、気付かせたいためですよ」

と、窘《たしな》めたという。すなわち、世を治める道の根本は、倹約ということにある、為政者たるもの、必要でないことに無駄なお金を遣ってはいけない。きちっと始末をして暮らせよ、ということを若き時頼に教訓していたというのです。

こういう「始末＝勤倹」の勧めという教訓談は、このほかにもあちこちの書物に書き残されているのですが、つまりは、どんなにお金持ちになろうとも、お金を大切にして、無駄なことに使わない、という、この言い古されたような金銭道徳が、結局は、ひとまわり回って、もっとも大切な人生の原理であったということを物語っているのです。

この原理を、やはり切実なものとして感じながら暮らす、そこに人生もお金も無駄にしないということの根幹があるのです。

となると、一切現金などは持ち歩かないで、なにもかも、スマホでピッというようなことで済ませてしまい、いったい今日はいくら使ったのかも「実感」しないという、今どきの行き方は、もっとも大切なところを忘れているとしか言いようがありません。

あれもこれもサブスク式の自動引き落とし、何を買ってもスマホ決済、電車に乗るのもタクシーを呼ぶのも、出前を取るのも、なにもかもスマホ決済で済ませている、そういうことを金科玉条と心得ているうちに、いつのまにか、お金の価値も大切さも忘れてしまい、なにもかも欲しいものを欲望に任せて買ってしまって、その「痛み」も感じることがない……こういう現代のありようは、人がまじめに働いて「お金」を稼ぎ、それを我慢しいしい、残りの金子を計算しながら、一定の「痛み」を感じつつ使って暮らす、という本来の当たり前なる生き方をどこかに置きわすれてしまっていはせぬか……さあ、ほんとうにそれでいいのだろうか、と私は大いに疑問を感じずにはいられません。

なにか仕事を成就して、現実の「お金」を手にする、そのときに感じる喜びと、それを使うときの我慢や妥協、それらのありようのなかに、私は人生の味わいがあるのだと、そう思っています。だから、その大切なお金に、まったく触れることもなく暮らすという生き方は、どうしても安易に過ぎて味わいがない、そのように思わずにはいられないのです。

なに、年寄りの繰り言を、と若い人は笑うかもしれません。

しかし、人生は一度きりです。時間を大切にし、お金を大切にし、下らないことに時間もお金も使ってはいけない、それで、地道《じみち》にまっとうに人生設計をしてほしい……古くさいことを言うようですが、私はせめてそのことを、特に若い人たちにお願いしておきたいのです。

書後に

いかがであろうか、わが頑迷固陋ぶりをつくづくと綴った本書をお読みいただいての読後感は。

じつは私はコンピュータ縄文人と呼ばれる世代に属している。専門は昔から日本古典文学で、理数系のことはとても理解できないのだが、それでも、このコンピュータというツールが、やがて日本の古典文学研究にも役立てうるだろうと考えた先人たちに教えられて、まだまだ幼稚園時代に過ぎなかったコンピュータを研究や執筆に役立てようと悪戦苦闘した世代である。コンピュータといえば、大型電子計算機を使って人工衛星の軌道計算をするというようなイメージの時代だから、一個人がそれを所有して、文献研究に自在に役立てるなんてことはまさに夢のまた夢であった。

しかし、それでも、私はNECのPC9801と呼ばれた汎用機を使ってケンブリッジ大学所蔵の日本古典籍の学術目録を作る過程で多くのことを学び（まだウインドウズなどというプラットフォームは影も形もなく、MS－DOSというシステムで動く原始的かつ極めて唐変木《トウヘンボク》なるマシンであったが）、かつがつにコンピュータというツールを使い始めてから、もう四十年が経った。

やがてアップルのマッキントッシュSE30を使うようになって以来、マックだけでももう二十数台を使い潰してきた。1991年に『イギリスはおいしい』（平凡社）を書いて作家としてデビューしたが、そのまったく最初から、私は著述は常にコンピュータのキーボードを敲いて書き続けてきたのである。その他、データの整理や、名簿管理、事務処理、写真などの加工保存などなど、あれこれの用途にコンピュータを便利に使用しつつ、今に至っている。

だから、決してコンピュータのことに暗いわけではなく、むしろ文科系の人間としては相当に「使える」グループに属すると思うのだが、それでも、ここ数年の、あまりにも拙速と見えるコンピュータ化、省力化、AI優位のありようには、とてもついていけないという実感がある。それどころか、そういう歴史をずっと実体験してきた目からみて、現今の「わけもわからず何でもスマホ」のような状況は、空恐ろしい感じがして、結果的に、文学的な、あるいは哲学的な、あるいは論理的な、思考や思想を、人々が忘れつつあるような危惧をおぼえる。

じっさい、いまではＡＩが本来の主人《あるじ》たる人間を「支配」していて、多くの若者がその手先となり、ために「自分でじっくりと考える」ことをやめてしまったかにみえる。

そのことを、背筋の寒くなる思いで見つめているゆえに、私は意地でも「あちらがわ」の価値観には同心しないと決めているのである。

世の中には、こんなことを考えている人間もいるのだぞ、と、せめて蟷螂《とうろう》の斧《おの》を振りかざしてＡＩという怪物と闘いつつある……とでもいったらいいだろうか。

形勢は極めてわが方に不利であるが、まだ今しばらくはかない反抗をやめるつもりはない。

２０２４年12月

林　望

林　望　はやし・のぞむ
1949年、東京生まれ。作家・書誌学者。慶應義塾大学大学院博士課程満期退学。ケンブリッジ大学客員教授、東京藝術大学助教授等を歴任。専門は書誌学、国文学。『イギリスはおいしい』（平凡社／文春文庫）で日本エッセイスト・クラブ賞、『謹訳 源氏物語』（全十巻、祥伝社）で毎日出版文化賞特別賞を受賞。歌曲の詩作、能評論等も多数手がける。

朝日新書
985

節約《せつやく》を楽《たの》しむ

あえて今、現金主義の理由

2025年1月30日第1刷発行

著　者　林　望

発行者　宇都宮健太朗
カバーデザイン　アンスガー・フォルマー　田嶋佳子
印刷所　TOPPANクロレ株式会社
発行所　朝日新聞出版
〒104-8011　東京都中央区築地5-3-2
電話　03-5541-8832（編集）
　　　03-5540-7793（販売）

Published in Japan by Asahi Shimbun Publications Inc.
ISBN 978-4-02-295296-7
定価はカバーに表示してあります。

朝日新書

死の瞬間
人はなぜ好奇心を抱くのか

春日武彦

人はなぜ最大の禁忌〝死〟に魅了されるのか？その鍵は「グロテスク」「呪詛」「根源的な不快感」にある。精神科医である著者が、崇高でありつつも卑俗な魅力を放つ〝死〟にひかれてしまう複雑な心理を、小説や映画の読解を交えて分析。

限界の国立大学
法人化20年、何が最高学府を劣化させるのか？

朝日新聞「国立大の悲鳴」取材班

国立大学が法人化されて20年。この転換とその後の政策は大学にどんな影響を及ぼしたのか。朝日新聞が実施した学長と教職員へのアンケートに寄せられたのは悲鳴に近い声だった。東大の学費値上げの背景など国立大学で起きている真相に迫る。

遺伝子はなぜ不公平なのか？

稲垣栄洋

なんの結果も出せないとき、自分の努力不足や能力のなさを呪ってはいけない。それは全部遺伝子のせいだ。あなたの存在は、進化の過程で生き残ってきた優秀な遺伝子にほかならない。懸命に生きるあなたへ贈る、植物学者からの渾身の努力論。

底が抜けた国
自浄能力を失った日本は再生できるのか？

山崎雅弘

専守防衛を放棄して戦争を引き寄せる政府、悪人が処罰されない社会、「番人」の仕事をやめたメディア、不条理に従い続ける国民。自浄能力が働いていない「底が抜けた」現代日本社会の病理を、各種の事実やデータを駆使して徹底的に検証！

蔦屋重三郎と吉原
蔦重と不屈の男たち、そして吉原遊廓の真実

河合　敦

蔦重は吉原を基点に、黄表紙や人情本、浮世絵など次々と大ヒットを生み出した。いっぽう幕府による弾圧にもめげず、歌麿や写楽に大首絵を描かせたり、政治風刺の黄表紙を出版するなど、反骨精神あふれる蔦重の生涯を天才絵師・戯作者たちと共に描く。

脳を活かす英会話
スタンフォード博士が教える超速英語学習法

星　友啓

世界の英語の99・9％はナマッている。だからこそ脳の欲求の赴くままに自分なりの英語で世界と遊べ！　脳科学や心理学、AI時代のアイテムを駆使して、コスパ良く楽しくネイティブと話せる術をスタンフォード・オンラインハイスクール校長が伝授。

子どもをうまく愛せない親たち
発達障害のある親の子育て支援の現場から

橋本和明

「子どもには愛情を」。児童相談所の一言が、なぜ虐待を加速させたのか？　発達障害のある親は育児で大変な苦労をすることがある。虐待やネグレクトが起きてしまう実態と対策を、豊富な実例とともに紹介。子育ては愛情ではなく技術である。

ほったらかし快老術
90歳現役医師が実践する

折茂　肇

元東大教授の90歳現役医師が自身の経験を交えながら、快い老い方を紹介する一冊。たいていのことはほったらかしでよく、大切なのは生きがいと骨。落ち目同士で群れない、手抜きしないでオシャレをする…など10の健康の秘訣を掲載。